AF347234

CHANSONS

CHOISIES,

AVEC LES AIRS NOTÉS.

TOME PREMIER.

A LONDRES.

M. DCC. LXXXIII.

A V I S

DES ÉDITEURS.

Tous les étrangers conviennent de notre supériorité dans l'art de la chanson. De tous les peuples de l'Europe, le François est celui dont le naturel est le plus porté à ce genre léger de poésie : la galanterie, le goût de la table, la vivacité brillante de son humeur, tout semble lui en inspirer le goût ; & en général on peut assurer que l'humeur chansonniere est un des caracteres de la nation.

Le François, libre de soins, hors du tourbillon des affaires qui l'a entraîné toute la journée, se délasse le soir, dans des soupers agréables, de la fatigue & des embarras du jour. La chanson est

son égide contre l'ennui : le vaudeville
est son arme offensive contre le ridicule :
il s'en sert aussi quelquefois comme d'une
espece de soulagement des pertes ou des
revers qu'il essuie : il chante ses défaites,
ses miseres ou ses maux, aussi volon-
tiers que ses prospérités & ses victoires.
Battant ou battu, dans l'abondance ou
dans la disette, heureux ou malheureux,
triste ou gai, il chante toujours, & l'on
diroit que la chanson est l'expression naturelle de tous ses sentimens.

Aussi cette humeur chansonniere a produit parmi nous, dans les siecles qui ont
suivi la renaissance des lettres, une foule
de pieces légeres & agréables. Tous nos
bons Auteurs se sont exercés dans l'art
de la chanson, & nous pouvons nous
glorifier d'être plus riches qu'aucun peuple de l'Europe dans cette sorte de pro-
duction.

Cependant de tous les recueils de chansons qu'on a imprimés jusqu'à ce jour,
il n'en est aucun qui soit digne d'un

homme de goût , & nous ofons dire qu'un recueil bien fait nous manquoit encore. Ce n'eſt certainement pas l'envie de déprimer , ni le defir de faire préférer notre travail , qui nous diéte ce jugement.

Quiconque aura parcouru avec attention l'*Anthologie Françoiſe* , *le petit Chanſonnier François* , *l'Anacréon François* , & *le recueil de M. de la Borde* , qui font les colleétions les moins imparfaites qui ont paru depuis quelques années , conviendra qu'elles font bien éloignées d'être auſſi bien compoſées qu'elles pouvoient l'être. En effet , on y remarque un mélange de bonnes , de médiocres & de mauvaiſes chanſons , qui en déparent l'aſſortiment.

La chanſon étant faite pour inſpirer le plaiſir , ou ſatisfaire le goût , tout ce qui eſt au-deſſous du bon ne peut remplir cet objet , & porte avec ſoi le dégoût & l'ennui. Il ſemble qu'on ait été plus jaloux de groſſir ou de multiplier les volumes, que de les bien compoſer.

Cependant au milieu de la richeſſe & de l'eſpece d'abondance où nous ſommes en excellentes chanſons françoiſes, il ſemble qu'on devoit être moins embarraſſé ſur le choix que ſur le nombre. Rien n'étoit ſi facile que d'en former un recueil, même conſidérable, en n'y admettant que le bon, & en excluant le médiocre.

Il ne falloit pour cela que ſe donner la peine de fouiller les recueils imprimés, tant anciens que modernes; en extraire les excellentes pieces qu'ils renferment, & les diſcerner au milieu du fatras de chanſons plattes ou inſipides qu'ils renferment. C'étoit un miel précieux à extraire, c'étoient des roſes à cueillir dans un champ ſemé de ronces & d'ivraie.

C'eſt ce travail que nous avons oſé entreprendre : nous avons eu la patience de parcourir plus de cinquante volumes de chanſons, & d'en extraire tout ce qui étoit marqué au coin du bon goût, en rejettant toutes celles dont la verſification étoit foible, ou le ſujet trivial.

Nous avons pouſſé plus loin nos recherches. Nous nous ſommes procuré la communication de pluſieurs portefeuilles d'amateurs, dans leſquels nous avons trouvé d'excellentes pieces, qui n'ont pas encore paru imprimées. Auſſi trouvera-t-on dans notre recueil un grand nombre de chanſons, qui peuvent paſſer pour nouvelles, parce qu'on ne les trouve dans aucun autre, & qu'elles ne ſont point, ou ne ſont que très-peu connues.

Nous avons apporté la même ſévérité dans le choix que nous avons fait de ces dernieres, que dans celui des précédentes. Nous avons eu le courage de dévorer l'ennui de lire plus de ſix mille chanſons , pour choiſir les ſix cents qui compoſent ce recueil. Nous n'y en avons admiſe aucune qui n'intéreſſe , ou par les graces de la poéſie , ou par la vivacité des images , ou par le choix du ſujet , ou par le ſel de la plaiſanterie.

Un défaut commun à tous les recueils imprimés juſqu'ici , c'eſt que les chanſons y ſont confondues ſans ſuite & ſans ordre , ſans aucun égard au ſujet ou au genre : il en réſulte un mélange informe qui confond tous les objets.

Par ce défaut de méthode , il arrive ſouvent qu'une chanſon anacréontique eſt ſuivie d'une chanſon villageoiſe , ou d'un amphigouri ; & une chanſon délicate & tendre , d'une chanſon grivoiſe ou poiſſarde. Ces diſparates ſont auſſi choquantes pour un homme de goût , que le ſeroit pour l'œil d'un amateur éclairé , la vue d'un tableau de l'Albane ou du Correge , placé dans une galerie de peintures , à côté d'une bambochade flamande , ou d'un groteſque de Callot.

Pour éviter cette espece de dissonance , nous avons cru devoir classer notre collection par genre de chansons assorties. On ne doit pas craindre qu'il en résulte une monotonie désagréable : chaque chanson se différencie assez de celles du même genre , par le choix du sujet , par la variété des tableaux , ou par la touche du Poëte. Nous nous flattons que cette disposition nouvelle , qui n'a été observée jusqu'ici dans aucun recueil , sera sentie & goûtée du public judicieux.

Nous avons porté l'ordre & la méthode plus loin. Non - seulement nous avons classé à part toutes les chansons du même genre , nous avons encore assorti les sujets de la même classe ; c'est-à-dire , que nous avons fait suivre ensemble les chansons qui ont quelque conformité entr'elles pour le rapport du sujet ; ensorte qu'on passe de l'une à l'autre par des transitions qui en lient la marche : ces transitions sauvent les disparates choquantes qui résultent de deux chansons, lesquelles non-seulement n'ayant entr'elles aucune ressemblance, mais encore portant un caractere, &, pour ainsi dire, une physionomie toute opposée, se trouvent placées, comme malgré elles, à la suite l'une de l'autre, & forcées de marcher ensemble. Cet arrangement, qui exigeoit l'attention la plus soutenue & la plus suivie, n'a pas été la moindre partie de notre travail.

Voici l'ordre que nous avons observé dans la distribution des quatre volumes que forment notre recueil.

Après quelques chansons anciennes, qui commencent le premier volume, nous avons placé les chansons *Erotiques* & *Anacréontiques* : à la suite, sont les *Romances* ; le volume est terminé par une suite de *Couplets détachés*.

Le second volume est rempli par les chansons *Pastorales*, *Villageoises*, *Grivoises*, *Poissardes*, & les chansons *Par-*

lées ; c'est-à-dire , celles dans lesquelles les vers chantés sont entremélés de paroles qu'on prononce sans les chanter.

Les chansons composées sur des *Sujets particuliers* , occupent la plus grande partie du troisieme volume. Il commence par une suite de vingt-deux couplets de M. le Vicomte *de la Poujade* , qui a passé dans les plus agréables sociétés de Paris & de la Cour , dont il faisoit les délices , pour un des meilleurs & un des plus fertiles *coupleteurs* de son tems. A la tête de ces couplets , on trouvera une notice intéressante sur la personne & les productions de ce militaire aimable. Après les sujets particuliers , sont placées les *Chansons de Table* , ou les chansons *Bachiques* , qui sont suivies des *Vaudevilles.*

Nous avons renvoyé au quatrieme & dernier volume toutes les chansons assaisonnées d'un sel plus piquant , ou d'une plaisanterie plus libre & plus gaie. Au lieu de les laisser éparses & confondues avec les autres chansons , comme on a fait dans tous les autres recueils précédens , nous avons cru qu'il étoit plus à propos de les renfermer dans un seul volume à part. On y en trouvera un grand nombre de M. *Collé* , un des meilleurs chansonniers de ce siecle , & qui , dans ses chansons , a une tournure de gaîté , de plaisanterie & de style , qui n'est qu'à lui : la plupart des chansons de cet Auteur , insérées dans ce quatrieme volume , n'ont point encore été imprimées , & ne sont connues que d'un très-petit nombre de personnes.

Un inconvénient qui se rencontre dans presque tous les recueils imprimés , excepté l'Anthologie Françoise & le Chansonnier François , en seize volumes , c'est que la musique des chansons n'y est point notée : les airs connus y sont indiqués par les paroles des anciennes chansons , sur lesquelles ils ont été composés ; mais souvent on connoît l'air sans savoir la chanſon à laquelle il appartient ; plus ſouvent encore on ignore l'air dont on indique les premieres paroles auxquelles il s'adapte ; ſouvent auſſi ces recueils ne déſignent point d'air , parce qu'on n'en a point compoſé ſur telle chanſon , ou que l'éditeur en l'imprimant l'a ignoré. Cet inconvénient nuit beaucoup au ſuccès d'un recueil , parce que la chanſon étant eſſentiellement faite pour être chantée , quelque belle & agréable qu'elle ſoit, ſi on en ignore l'air , on la néglige.

Nous avons ſenti l'importance de cette omiſſion. Quelques frais que duſſent entraîner la gravure & l'impreſſion de la muſique , nous avons voulu que dans les quatre volumes que nous préſentons au public , il n'y eût pas une chanſon dont l'air ne fût noté : nous les avons fait graver ſur des planches du même format que notre édition , & nous les avons placés à la fin de chaque volume auquel ils ſe rapportent.

Nous étant propoſé de borner notre

recueil à quatre volumes, petit format, afin de les rendre plus commodes & plus portatifs, nous n'aurions pu, sans les grossir considérablement, & augmenter en proportion le prix des quatre volumes, faire graver l'air à la tête de chaque chanson, comme on a fait dans l'Anthologie, & dans le recueil de M. de la Borde. Nous avons préféré la méthode du Chansonnier François, dans lequel les airs sont notés sans paroles, & placés à la fin de chaque volume, sous des numéros relatifs à la chanson, à laquelle chacune appartient.

Ainsi en cherchant à la marge des airs gravés le numéro de l'air indiqué à la tête de chaque chanson, on l'y trouvera sur le champ : si c'est un air connu, un coup-d'œil jetté sur les premieres mesures, le rappellera facilement ; si c'est un air nouveau, il ne sera pas difficile d'y adapter les paroles, sur-tout dans les airs simples & peu chargés de musique. Pour ce qui est de ceux qui sont un peu travaillés, on pourra les extraire comme

d'une

d'une partition , & les copier , en y ajoutant les paroles qu'on écrira sous la musique.

Il nous reste à dire un mot sur la méthode que nous avons suivie en faisant graver les airs de ces chansons : ils sont notés , non pas de la maniere usitée pour la musique vocale , où les croches sont détachées les unes des autres , excepté celles qui s'articulent sur la même syllabe , mais à la maniere de la musique instrumentale , où les croches sont toutes liées , d'autant plus que les paroles ne sont pas écrites sous la musique. Les croches détachées auroient produit dans la gravure une espece de confusion fatigante pour l'œil , & auroient occupé trop d'espace.

Lorsque l'air d'une chanson emploie plusieurs notes sur la même syllabe , ces notes sont désignées par un trait de liaison placé au-dessus ou au-dessous , qui indique qu'elles doivent être coulées sur

la même syllabe : c'est une attention es-
sentielle à avoir quand on voudra joindre
l'air aux paroles.

Souvent dans le corps ou à la fin
d'une chanson, il se rencontre des paroles que le Musicien juge à propos de
répéter, pour donner plus d'expression
à l'air ou à la chanson. Ces répétitions
sont indiquées dans la musique par
un crochet, ou un trait souligné de
cette forme ⌣.

Nous avons été obligés de faire com-
poser des airs nouveaux sur beaucoup
de chansons qui n'en avoient point.
Quant à celles qui sont faites sur des
airs connus, quoiqu'anciens, nous les
avons conservés, soit par égard pour les
personnes qui ne savent pas la musique,
& que des airs nouveaux auroient embar-
rassées, soit parce que les anciens airs
ont un caractere plus simple, qui tient à
la gaie naïveté du vaudeville. Un très-
grand nombre de chansons exigent des

airs de ce genre, & doivent être en quelque sorte autant récitées que chantées. Trop d'art dans le chant les dénatureroit au lieu de les embellir ; car il faut bien se garder de confondre une chanson à couplets, avec une chanson en ariette : celle-ci tire son mérite & son agrément de la musique, autant que des paroles ; souvent même la beauté de la musique couvre ou fait oublier la médiocrité des paroles : bien différente en cela de la chanson à couplets, dont les paroles, pour être goûtées, doivent être si bien faites, qu'elles puissent se passer de l'accessoire de la musique.

Observons en finissant, que de même qu'une piece de Théatre gagne infiniment à la représentation, aussi la chanson perd beaucoup à n'être que lue ; elle est faite pour être chantée & bien chantée : il en est même plusieurs qui doivent en grande partie leurs graces & leur esprit à l'art du chanteur. Telles sont les chansons grivoises & poissardes :

celles de payſan , celles de parade , &
celles où on imite le langage du bas
peuple.

CHANSONS

CHANSONS CHOISIES.

CHANSON

ATTRIBUÉE A HENRI IV, ROI DE FRANCE.

AIR. N°. 1.

Charmante Gabrielle,
Percé de mille dards,
Quand la gloire m'appelle
A la suite de Mars :
Cruelle départie !
  Malheureux jour !
Que ne suis-je sans vie,
  Ou sans amour !

Partagez ma couronne,
Le prix de ma valeur ;
Je la tiens de Bellonne,
Tenez-la de mon cœur.
Cruelle départie !
  Malheureux jour !
C'est trop peu d'une vie,
  Pour tant d'amour !

AIR. Nº. 2.

PLUS ne suis ce que j'ai été,
Et plus ne saurois jamais l'être :
Mon beau printems & mon été
On fait le saut par la fenêtre.
Amour, tu as été mon maître,
Je t'ai servi sur tous les Dieux.
Ah ! si je pouvois deux fois naître,
Combien je te servirois mieux !

CLÉMENT MAROT.

AIR. Nº. 3.

AMOUR me tient en servage,
En mon cœur plus n'est repos,
En ma bouche doux propos ;
N'ai que larmes pour breuvage,
Pour parler n'ai que sanglots.   *Bis.*

Bien se voit que de ma vie
Fleur se passe chaque jour,
Si n'aimez à votre tour,
Las ! dans peu, gente Émilie,
Mourrai victime d'amour.   *Bis.*

Ah ! ſi me pouviez entendre !
Si ſaviez qui m'amoindrit,
Que Roger d'amour périt ;
Vous connois ame aſſez tendre
Me pleureriez un petit.　　　　　　*Bis.*

Mais non, non ; ne craignez mie,
Mon ſecret point ne dirai ;
Avec moi , quand finirai,
Vous le promets, belle amie,
Au tombeau l'emporterai.　　　　　*Bis.*

　　　　　　　　　D'USSIEUX.

AIR. Nº. 4.

Viens m'aider , ô dieu d'Amour,
　　À portraire celle ,
　　Celle tant belle,
Que tant aimerai toujours.

Elle a bien du gai Printems,
Gente humeur & fin ſourire :
Blanches perles ſont ſes dents,
Roſes ſa bouche reſpire.
　　Viens m'aider , &c.

Ses yeux ſont nobles & doux,
Et ſans peine on y peut lire
Qu'elle leur défend ſur nous
D'uſer de tout leur empire.
　　Viens m'aider , &c.

　　　　　　　　　A ij

Son maintien eſt ſi tant doux !
Son parler ſemble une lyre :
Si ſon regard luit ſur vous,
Toute votre ame il attire.
      Viens m'aider, &c.

En ſa perſonne rien n'a
Qui de l'aimer ne vous prie,
Et ſans y penſer voilà
Qu'elle ſe trouve obéie.
      Viens m'aider, &c.

Son vouloir eſt votre roi ;
Voulût-elle votre vie,
Pour vous ſeroit une loi
D'accomplir ſa fantaiſie.
      Viens m'aider, &c.

Ne lui ſeriez moins conſtant
En ſervant beauté nouvelle ;
Car bien que l'œil ſoit content,
Le cœur dit ce n'eſt pas elle.
      Viens m'aider, &c.

Quand le prix fut diſputé
Dans la céleſte gageure,
Vénus eut bien la beauté,
Mais ma mie eut la ceinture.
      Viens m'aider, &c.

AIR : *Du Prévôt des Marchands.*

Nº. 5.

JE vous donne, avec grand plaifir,
De trois préfens un à choifir :
La belle, c'est à vous de prendre
Celui des trois qui plus vous duit ;
Les voici, fans vous faire attendre ;
Bonjour, bon foir, & bonne nuit.

S A R A S I N.

A I R. Nº. 6.

O BIENHEUREUX qui peut paffer fa vie
Entre les fiens, franc de haine & d'envie,
Parmi les champs, les rochers & les bois,
Loin du tumulte & du bruit populaire,
Et qui ne vend fa liberté pour plaire
Aux paffions des Princes & des Rois !

Il n'a fouci d'une chofe incertaine ;
Il ne fe paît d'une efpérance vaine ;
Nulle faveur ne le va décevant.
De cent fureurs il n'a l'ame embrafée,
Et ne maudit fa jeuneffe abufée,
Quand il ne trouve à la fin que du vent.

A iij

L'ambition fon courage n'attife ;
D'un fard trompeur fon ame il ne déguife ;
Il ne fe plaît à violer fa foi.
Des grands Seigneurs l'oreille il n'importune ;
Mais en vivant, content de fa fortune,
Il eft fa cour, fa faveur & fon roi.

Si je ne loge en ces maifons dorées,
Au front fuperbe, aux voûtes peinturées
D'azur, d'émail & de mille couleurs,
Mon œil fe pait des tréfors de la plaine,
Riche d'œillet, de thym, de marjolaine,
Et du beau teint des printannieres fleurs.

Ainfi vivant, rien n'eft qui ne m'agrée ;
J'ai des oifeaux la mufique facrée,
Quand au matin ils béniffent les cieux ;
Et le doux fon des bruyantes fontaines,
Qui vont coulant de ces roches hautaines,
Pour arrofer nos prés délicieux.

DESPORTES.

Air : *Quand vous entendrez le doux Zéphir.*

N°. 7.

En chantant cette chanfon , il faut répéter les mots qui font en caractères italiques. Ces répé- titions ajoutent beaucoup d'expreffion aux pa- roles.]

Las ! fi j'avois pouvoir d'oublier
    Sa beauté , fon bien dire ,
    Et fon *très-doux* regarder ,
    Finirois mon martyre,

Mais las ! mon cœur je n'en puis ôter;
        Et grand affolage
        M'eft d'efpérer ;
        Mais tel fervage
        Donne courage
        A tout endurer.

    Et puis *comment* oublier
    Sa beauté , fon bien dire,
    Et font *très-doux* regarder !
    Mieux aime mon martyre (*).

(*) Qui croiroit que cette chanfon a été com- pofée vers le commencement du treizieme fiecle! Elle eft de Thibaut IV , Comte de Champagne & Roi de Navarre. Ce Prince fut furnommé *le Grand & le Faifeur de Chanfons*. Il étoit auffi vaillant guerrier , qu'habile chanfonnier. Il eft regardé comme le pere de la chanfon françoife.

CHANSONS
ÉROTIQUES
ET ANACRÉONTIQUES.

LA chanson érotique est une espece d'Ode anacréontique, dont l'amour & la galanterie font le sujet & fournissent la matiere. Les pensées en doivent être fines, les sentimens délicats, les images douces, le style léger, les vers faciles. La subtilité des réflexions, la profondeur des idées, & les tours trop recherchés y seroient des défauts. L'esprit & l'art ne doivent point y paroître ; le cœur seul doit y parler. Elle tire encore un grand agrément des images & des faits mythologiques qui peuvent s'y adapter. Plusieurs de nos Poëtes ont excellé dans ce genre de chansons. Nous croyons pouvoir assurer que chez aucune Nation, & dans aucune langue, tant an-

cienne que moderne , on ne pourroit former un recueil auſſi conſidérable de chanſons dans le gente érotique , auſſi délicates
& auſſi agréables que celui que nous préſentons ici , & que nous avons formé d'a-
près nos meilleurs Auteurs.

Le genre de la chanſon anacréontique
ne differe de celui de l'érotique , qu'en
ce que la premiere célebre également l'a-
mour & le dieu du vin , les délices de la
volupté & les plaiſirs de la table. Pour ne
point confondre l'ordre des matieres , nous
ne plaçons ici que les chanſons anacréontiques tendres & galantes. Nous renvoyons
celles qui ont pour ſujet Bacchus & le vin,
à l'article des chanſons de table.

LE SIECLE PASTORAL.

AIR : *Vous qui du vulgaire stupide.*

Nº. 8.

Précieux jours dont fut ornée
La jeunesse de l'Univers,
Par quelle triste destinée
N'êtes-vous plus que dans nos vers !
Votre douceur charmante & pure
Cause nos regrets superflus ;
Telle qu'une tendre peinture
D'un aimable objet qui n'est plus.

La terre aussi riche que belle,
Unissoit dans ces heureux tems
Les fruits d'une automne éternelle,
Aux fleurs d'un éternel printems.
Tout l'Univers étoit champêtre,
Tous les hommes étoient bergers ;
Les noms de sujet & de maître
Leur étoient encore étrangers.

Sous cette juste indépendance,
Compagne de l'égalité,
Tous, dans une même abondance,
Goûtoient même tranquillité :

Leurs toits étoient d'épais feuillages,
L'ombre des faules leurs lambris ;
Les temples étoient des bocages ,
Les autels des gazons fleuris.

Ils ignoroient les arts pénibles,
Et les travaux nés du befoin ;
Des arts enjoués & paifibles
La culture fit tout leur foin.
La tendre & touchante harmonie
A leurs jeux doit fes premiers airs ;
A leur noble & libre génie ,
Apollon doit fes premiers vers.

On ignoroit dans leurs retraites
Les noirs chagrins , les vains defirs ,
Les efpérances inquietes ,
Les longs remords, des courts plaifirs :
L'intérêt au fein de la terre
N'avoit point ravi les métaux ,
Ni foufflé le feu de la guerre ,
Ni fait des chemins fur les eaux.

Les pafteurs dans leur héritage
Coulans leurs jours jufqu'au tombeau ,
Ne connoiffoient que le rivage
Qui les avoit vus au berceau :
Tous dans d'innocentes délices ,
Unis par des nœuds pleins d'attraits,
Paffoient leur jeuneffe fans vices ,
Et leur vieilleffe fans regrets.

La bergere aimable & fidelle
Ne fe piquoit pas de favoir;
Elle ne favoit qu'être belle ,
Et fuivre la loi du devoir :
La fougere étoit fa toilette ;
Son miroir, le criftal des eaux ;
La jonquille & la violette
Étoient fes atours les plus beaux.

On la voyoit dans fa parure
Auffi fimple que fes brebis :
De leur toifon commode & pure
Elle fe filoit des habits.
O regne heureux de la nature ,
Quel dieu nous rendra tes beaux jours !
Juftice, égalité , droiture ,
Que n'avez-vous régné toujours !

Ne peins-je point une chimere ?
Ce charmant fiecle a-t-il été ?
D'un auteur témoin oculaire
En fait-on la réalité ?
J'ouvre les faftes fur cet âge :
Par-tout je trouve des regrets ;
Tous ceux qui m'en offrent l'image
Se plaignent d'être nés après,

GRESSET.

LE

LE RETOUR DE L'AGE D'OR.

AIR.   N°. 9.

Pourquoi regretter ces beaux jours,
Où l'amour feul étoit le maître ?
Ce tems dépend de nos amours,
Et nos cœurs le feront renaître.
Aimons , aimons , nous reverrons encor
Le tems heureux de l'âge d'or.

Dans nos champs nous voyons les fleurs
Auffi belles qu'au premier âge ;
La rofe a les mêmes couleurs ,
Les oifeaux le même ramage.
    Aimons , &c.

Philomele , encore au printems ,
Chante dans ces plaines fleuries ;
Les ruiffeaux , comme aux premiers tems ,
Parlent d'amour à nos prairies.
    Aimons , &c.

Zéphir , des mêmes feux épris ,
Sent pour Flore une ardeur égale ;
Pour careffer les jeunes lys ,
L'abeille eft auffi matinale.
    Aimons , &c.
          LE PRÉSIDENT HÉNAUT.

PORTRAIT

D'UNE MAITRESSE DESIRÉE.

AIR : *Je suis Lindor*, &c. N°. 10.

D'AIMER jamais si je fais la folie,
Et que je sois le maître de mon choix ;
Connois, Amour, celle qui sous tes loix,
Pourra fixer le destin de ma vie.

Je la voudrois moins belle que gentille :
Trop de fadeur suit de près la beauté,
Simples attraits peignent la volupté ;
Joli minois de feu d'amour pétille.

Je la voudrois moins coquette que tendre,
Sans être Agnès ayant peu de desirs ;
Sans les chercher se livrant aux plaisirs,
Les augmentant en voulant s'en défendre.

Je la voudrois sans goût pour la parure,
Sans négliger le soin de ses appas ;
Quelque peu d'art qui ne s'apperçoit pas,
Ajoute encore au prix de la nature.

Je la voudrois n'ayant pas d'autre envie,
D'autre bonheur que celui de m'aimer.
Si cet objet, Amour, peut se trouver,
De te servir je ferai la folie.

M. L. D. D. N.

PORTRAIT

D'UN AMANT DESIRE.

Même air que le précédent.

AU traître Amour je me fîrois peut-être,
Si je trouvois à ma guife un amant,
Tendre & foumis fans être languiffant,
Qui, bien aimé, craignît de le paroître.

Je le voudrois d'une taille agréable,
L'air gai, l'œil vif, plein d'efprit & de feu,
Qui de l'amour ne fe fît point un jeu,
Qui de tromper n'eût point l'art déteftable.

D'un important qu'il n'ait point le coftume
Qu'il foit fenfé, mais non fur le retour ;
Dans les beaux jours le flambeau de l'amour
Quand il s'éteint, d'un rien on le rallume.

De la gaîté qu'il faffe fa déeffe ;
Des ris, des jeux qu'il s'occupe toujours ;
Le feu d'amour brûle un inftant du jour,
Mais la gaîté nous amufe fans ceffe.

Je veux le voir même au fein de l'ivreffe,
Me reprocher que j'ai trop combattu,
Et fi pour lui je manque à la vertu,
Qu'il m'en confole à force de tendreffe.

M. S....

B ij

LA STATUE DE L'AMITIÉ.

AIR : N°. 11. ou *Que ne suis je la fougere.* N°. 12.

Amitié , ma voix t'implore,
L'amour peut-il t'égaler?
Comme la vermeille aurore ,
Tu brilles fans nous brûler.
Sur tes pas je m'abandonne :
Tu ne promets pas en vain :
L'aimable paix t'environne ,
Le bonheur naît fous ta main.

Ainfi parloit Cléonice :
Elle n'avoit que quinze ans ;
Douce erreur d'une novice
Qui fait fes premiers fermens.
A l'idole qui l'enchante
Un petit temple eft dreffé ,
Par la belle indifférente ,
Soir & matin encenfé.

Mais il lui faut une image
Qui lui rappelle fes traits :
Les arts pour ce digne ouvrage
Seront-ils affez parfaits ?
Elle court chez Praxitèle ,
Veut un chef-d'œuvre à l'inftant ;

Sa chimere étoit fi belle....
Son bufte fera charmant.

L'artifte expofe à fa vue
L'amitié, mais comme elle eft,
Simple, mâle, retenue,
Sans graces & fans apprêt.
L'art n'a point rendu, dit-elle,
Ses traits, fon air enchanteur;
Voulez-vous un sûr modele?
Il eft empreint dans mon cœur.

Non loin fur un lit d'albâtre
Repofe un aimable enfant;
Voilà ce que j'idolâtre,
Dit-elle, en s'en emparant.
Eh quoi donc! belle ingénue,
De l'Amitié dans ce jour
Vous demandiez la ftatue,
Et vous emportez l'Amour.

L E P R I E U R.

B iij

LE PHILOSOPHE ANAXIMANDRE.

AIR.   N°. 13.

L'ESPRIT & les talens font bien ; ⎫ *Bis.*
Mais fans les graces ce n'eft rien. ⎭

Sous le beau nom d'Anaximandre,
Chez les Grecs, un fage vivoit ;
Chacun accouroit pour l'entendre,
Athene en foule le fuivoit.
La profondeur & la jufteffe
Se rencontroient dans fes difcours ;
Mais pour plaire aux yeux des amours,
Il faut de la délicateffe.
    L'efprit & les talens, &c.

Le Philofophe Anaximandre
Aux belles offrit fon encens ;
Car les Savans ont le cœur tendre,
Et tout Philofophe a des fens.
Les Athéniennes volages
Rejetterent fes tendres vœux,
Et de frivoles amoureux
Virent accepter leurs hommages.
    L'efprit & les talens, &c.

Piqué de les trouver rebelles,
Il fut s'en plaindre chez Platon ;

Platon étoit l'ami des belles,
Et même des Rois, nous dit-on
Il humanifoit fon génie ;
Il brilloit à foupé le foir ;
Et malgré fon profond favoir,
Il étoit bonne compagnie.
   L'efprit & les talens, &c.

Apprenez-moi, mon cher confrere,
Dit le fage difgracié,
Comment chez vous, à l'art de plaire,
Le génie eft affocié ;
Je veux me former fur vos traces ;
Votre confeil fera ma loi.
Eh bien, dit Platon, croyez-moi,
Mon cher, facrifiez aux grâces.
   L'efprit & les talens, &c.

Dans une chapelle voifine
Anaximandre s'en alla.
Aglaé, Thalie, Euphrofine
Sourirent en le voyant là.
Il fut initié par elles,
Dans leurs myfteres enchanteurs ;
Il revint couronné de fleurs,
Et ne trouva plus de cruelles.
   L'efprit & les talens, &c.

La métamorphofe foudaine,
Du fage fit l'homme du jour ;
Les bonnes fortunes d'Athenes
Vinrent l'accueillir tour-à-tour :

Et quand il trouvoit fur fes traces
Quelque pédant de mauvais ton,
Il lui difoit : Croyez Platon ,
Mon cher , facrifiez aux grâces.
    L'efprit & les talens , &c.
            FRANÇOIS DE NEUCHATEAU.

LA ROSE.

AIR : *De l'oifeau qui t'a fait envie.*

Nᵒ. 14.

AU matin , dans les prés de Flore ,
La rofe à l'inftant de s'ouvrir ,
Attend que la vermeille Aurore
Sur fon char amene Zéphir.
Sous une enveloppe rebelle
Elle eft fans éclat, fans odeur ;
Tel eft le néant d'une belle
Avant qu'amour ouvre fon cœur.

Zéphire vient , fourit , voltige
Autour de cette aimable fleur ;
Elle s'anime , & fur fa tige
Elle a repris plus de vigueur ;
Du Zéphir l'haleine craintive
Difpofe fon cœur à s'ouvrir ,
Et déja la tendre captive
Sent qu'elle va s'épanouir.

Mais, hélas! d'un pas trop rapide,
Le foleil acheve fon tour,
Et va dans l'élément liquide
Éteindre le flambeau du jour :
Sur fa tige la fleur penchée,
Loin de lui perd tous fes attraits ;
Et bientôt, pâle & defféchée,
S'éclipfe à nos yeux pour jamais.

Un doux fouvenir la confole
D'avoir vécu fi peu d'inftans ;
D'une exiftence qui s'envole,
Elle a fu charmer les momens.
Imitez-la, belle Silvie ;
Livrez votre cœur aux amours ;
S'ils n'éternifent pas la vie,
Ils en adouciffent le cours.

L'EMPIRE DE L'AMOUR.

AIR. N°. 15.

UN jour me demandoit Hortenfe,
Où fe trouve le tendre Amour ?
Par-tout, lui dis-je, eft fa puiffance,
Dans tous les lieux eft fon féjour.
Monté fur le char de l'Aurore,
Il ouvre les portes du jour ;
Par lui le foleil fe colore,
S'allume & s'éteint tour-à-tour.

Amant de toute la nature,
Il bondit avec les troupeaux ;
Avec les ruiſſeaux il murmure,
Il ramage avec les oiſeaux ;
Avec la ſimple violette
Il ſe cache ſous le gazon :
C'eſt lui qu'attrape une fillette
Sous la forme d'un papillon.

C'eſt ſon haleine bienfaiſante
Qu'on reſpire dans une fleur ;
Il orne la roſe naiſſante
De ſon éclat, de ſa fraîcheur.
Mais de notre plus tendre hommage,
Quand ce dieu veut s'aſſurer mieux,
Jeune Hortenſe, il prend votre image,
Et ſe place dans vos beaux yeux.

L'AMOUR CAPTIF.

AIR : *Sous un ormeau.* N°. 16.

DANS un détour,
Me promenant au bois un jour,
J'apperçus l'Amour
Aſſis auprès d'un tilleul,
Seul.
A l'aſpect du trompeur
Je recule en tremblant de frayeur ;

Mais il a l'air fi doux !
Qu'ai-je à craindre ? Approchons... fauvons-nous.
O fort heureux !
Le traître dort : tout fert mes vœux ;
Ses yeux dangereux
Sont couverts d'un voile épais...
Paix !

Pour lui prendre fes traits,
Dans ces lieux tenons-nous aux aguets.
Effayons-y par-là :
Je pourrai... doucement... les voilà !
Ne tardons pas ;
Pour l'enchaîner formons des lacs :
Mais que fais-je, hélas !
S'il s'éveilloit !... Non, il dort
Fort.

Raffurons nos efprits :
Serrons-le dans ces nœuds. . . . il eft pris.
Le cruel auffi-tôt
Fait un cri, fe réveille en furfaut ;
Tyran des cœurs,
Reçois le prix de tes rigueurs
Je ris de tes pleurs ;
Dans mes liens
Je te tiens.
Viens.

Il répond en ces mots :
Écoutez mes foupirs, mes fanglots :
Je fuivrai votre loi ;
Je vous jure un refpect. . . Lâchez-moi.

Tu me promets
De ne troubler jamais, jamais
La tranquille paix,
Dont jusqu'ici
J'ai joui? ——
Oui.

Pourquoi faire captif
Un enfant qui paroît si naïf?
Je le fais trop souffrir;
Délions.... Je me sens attendrir.
Tu m'as lâché,
Me dit l'Amour, d'un air touché,
Et d'un trait caché
L'ingrat, hélas!
Me perça.
Ah!

Tout mon sang se troubla;
Le perfide, en riant, s'envola.
Je me sens pénétrer
D'une ardeur.... & ne puis respirer.
Voilà comment
L'Amour content
Tient son serment.
Ah, dieux! quel tourment!
Ainsi que lui tout amant
Ment.

F A V A R T.

LES FLECHES DE L'AMOUR.

AIR. N°. 17.

D'un ruiffeau qui coupoit la plaine,
Mes pas fuivoient chaque détour,
Et bientôt fa courfe m'entraîne
Près d'un bois où dormoit l'Amour.

Ses traits, fur un tapis de mouffe,
Sont répandus à fes côtés;
Qu'un autre que moi les émouffe;
J'aime jufqu'à leurs cruautés.

Mais voyant leur plume legère
Différer en tout à mes yeux,
Je m'occupe de ce myftère,
Dont mon efprit eft curieux.

L'Amour s'éveille: je friffonne:
Ami, dit-il, avec bonté,
De ce prodige qui t'étonne,
Tu vas percer l'obfcurité.

Ai-je à frapper l'ame inquiéte
De quelqu'amant fombre & jaloux,
Je choifis alors la fagette
Où font les plumes des hiboux.

Tome I. C

Pour le difciple d'Épicure
Le fentiment eft fans attraits :
Quand je lui fais une bleffure,
Les moineaux ont paré mes traits.

L'aiglon eft pour le téméraire ;
Le ferin pour les beaux conteurs ;
Pour le fat, toujours fûr de plaire,
Du paon j'emprunte les couleurs.

Veux-je bleffer un cœur fidèle,
Fait pour aimer bien conftamment ?
La plume de la tourterelle
A ma fleche fert d'ornement.

Regarde-là, vois, qu'elle eft belle !
Sur tous mes traits elle a le prix...
Ah ! m'écriai-je, Amour, c'eft celle
Dont tu m'as bleffé pour Iris !

B R E T.

LE CROC-EN-JAMBES

DE L'AMOUR.

AIR. Nº. 18.

D'un air badin
Sur l'herbette nouvelle,
Tournoit avec Ifabelle
Le jeune Colin :
A ce badinage
L'Amour les engage,
Et ce petit dieu
Conduifoit le jeu.

L'enfant malin
Dans les pas d'Ifabelle
Entrelace d'un coup d'aile
Les pas de Colin :
Le berger chancelle,
Et tombe avec elle ;
L'Amour applaudit,
Et le jeu finit.

LA CHASSE AUX AMOURS.

AIR. N°. 19.

Deux bergeres pour faire uſage
De l'amuſement des beaux jours,
Alloient chaſſer dans le bocage
Les oiſeaux qu'on appelle amours.

Doris, d'une courſe rapide,
Oſa ſans crainte en approcher;
Églé, d'un pas lent & timide,
Dans un buiſſon fut ſe cacher.

De filets l'une environnée
Vouloit enlever tout l'eſſaim;
L'autre, dans ſes vœux plus bornée,
N'avoit qu'une cage à la main.

Bientôt, autour de nos bergeres,
Tout le peuple ailé répandu,
Vola ſur les branches légeres
Du piége qu'on avoit tendu.

Doris en vit approcher mille;
Aucun d'eux ne ſe haſarda.
Dans ſa cage, Églé plus habile,
En prit un ſeul & le garda.

LES QUATRE COINS.

AIR. N°. 20.

LA jeune Iris, la fleur de nos campagnes,
Un certain foir, dans la belle faifon,
Voulut au bois, avec quelques compagnes,
Aux quatre coins jouer fur le gazon.
Il leur manquoit encor un perfonnage ;
L'Amour dormoit fous un chêne étendu ;
Iris le crut un berger du village,
La pauvre enfant ne l'avoit jamais vu.

Elle l'éveille ; il boude, il fe chagrine,
Et ne veut point jouer à ce jeu-là.
Plus il fe fâche, & plus on le lutine:
Ah ! le fripon ne vouloit que cela.
Il cede enfin ; mais bientôt à Colette
Avec adreffe il vole les rubans,
La bague à Life, à Cloé la houlette,
La jeune Iris laiffe attraper fes gans.

Le jeu fini, chaque belle en colere
Veut fes bijoux ; l'Amour veut un baifer.
La nuit furvient, chacune craint fa mere ;
Avec l'amour il fallut compofer.
Depuis ce tems on dit qu'Iris foupire:
Cloé rougit ; Life baiffe les yeux ;
Colette rêve, & toutes femblent dire,
Qu'avec l'amour tous jeux font dangereux.

LA BORDE.

C iij

VOL DES FLECHES DE L'AMOUR.

A I R.   N°. 21.

Diane un jour dans un bois sombre,
Vit Cupidon dormir à l'ombre :
Me voilà donc maîtresse de son sort !
Vengeons-nous-en tandis qu'il dort.
Tous les mortels versent des larmes
Pour ses appas vains & trompeurs ;
Si je lui peux voler ses armes,
Je rends la paix à tous les cœurs.

Pour satisfaire sa vengeance,
Soudain sans bruit elle s'avance ;
Et dérobant à ce dieu son carquois,
Fut le dire aux nymphes des bois :
Un doux transport à ces nouvelles,
Vers le dormeur les fait courir ;
Réveillez-vous, lui dirent-elles,
L'Amour toujours perd à dormir.

Du tendre enfant le sommeil cesse ;
Quelque douleur d'abord le presse ;
Et se voyant dépouillé de ses traits,
Son cœur forme quelques regrets.
Mais oubliant bientôt sa peine,
Croit-on, dit il, braver mes loix ?
Allez, allez le yeux d'Ismene
Me vaudront mieux que mon carquois.

P A N N A R D.

L'AMOUR FOUETTÉ.

A I R. Nos. 17, 19.

Jupiter prête-moi ta foudre
S'écria Lycoris un jour :
Donne, que je réduife en poudre
Le temple où j'ai connu l'Amour.

Alcide, que ne fuis-je armée
De ta maffue & de tes traits,
Pour venger la terre alarmée,
Et punir un dieu que je hais !

Médée, enfeigne-moi l'ufage
De tes plus noirs enchantemens ;
Formons pour lui quelque breuvage,
Egal au poifon des amans.

Ah ! fi dans ma fureur extrême,
Je tenois ce monftre odieux !...
Le voilà, lui dit l'Amour même,
Qui foudain parut à fes yeux.

Venge-toi ; punis, fi tu l'ofes...
Interdite à ce prompt retour,
Elle prit un bouquet de rofes,
Pour donner le fouet à l'Amour.

On dit même que la bergere ,
Dans ſes bras n'oſaut le preſſer ,
En frappant d'une main légere ,
Craignoit encor de le bleſſer.

BERNARD.

A MAD. . . .

AIR : *J'aime une ingrate beauté.* N°. 22.

L'AUTRE jour prenant le frais ,
Vous dormiez ſur la fougere ;
L'Amour voyant tant d'attraits ,
De loin vous prit pour ſa mere :
  S'approchant de plus près ,
  Il dit : Ce n'eſt point elle ;
  Ce ſont les mêmes traits ,
  Mais Vénus eſt moins belle.

A MAD. . . . .

AIR : *Nous ſommes précepteurs d'amour.*

N°. 23.

Iris, Thémire & Danaé
Ont en vain reçu mon hommage ;
N'en doutez point, belle Aglaé,
Jamais mon cœur ne fut volage.

Iris parle ſi tendrement,
Mon cœur eſt ſi foible & ſi tendre,
Que je croyois même en l'aimant,
Vous voir, vous parler, vous entendre.

Un ſourire engageant & doux
M'enflamma bientôt pour Thémire
J'ignorois qu'un autre que vous
Pût auſſi finement ſourire.

Danaé s'offrit dans le bain :
Qu'on eſt aveugle quand on aime
Aux lys répandus ſur ſon ſein,
Je ne crus voir qu'Aglaé même.

Ainſi dans les plus doux plaiſirs
Je cédois à vos ſeules armes ;
Mon cœur ne formoit des deſirs
Que par l'image de vos charmes.

PAR M. L. C. D. B

L'HEUREUSE ERREUR.

Même air que le précédent.

Qu'importe à mes tendres desirs
Qu'Iris soit coquette ou sincere !
Tout ce qui m'offre des plaisirs,
N'est-il pas en droit de me plaire ?

Pourquoi, dans nos amusemens,
Chercher tant de délicatesse ?
L'erreur nourrit nos sentimens :
Souvent la vérité les blesse.

L'Amour n'est qu'une fiction,
Une fable aimable & légere :
Heureux qui, sans réflexion,
Peut se prêter à sa chimere !

Une belle est comme une fleur,
Dont on chérit la découverte :
Sitôt qu'elle ouvre trop son cœur,
Elle nous annonce sa perte.

De l'art séduisant de charmer,
On ne m'entendra pas me plaindre.
Qu'importe qu'on sache m'aimer,
Pourvu que l'on sache bien feindre !

DE LA GARDE.

DANGER
DE RÉVEILLER L'AMOUR.

AIR. N°. 24.

DANS un bois folitaire & fombre,
Je me promenois l'autre jour:
Un enfant y dormoit à l'ombre ;
C'étoit le redoutable Amour.

J'approche, fa beauté me flatte ;
Mais j'aurois dû m'en défier :
J'y vis tous les traits d'une ingrate,
Que j'avois juré d'oublier.

Il avoit la bouche vermeille,
Le teint auffi beau que le fien.
Un foupir m'échappe, il s'éveille :
L'Amour fe réveille de rien.

Auffi-tôt déployant fes ailes,
Et faififfant fon arc vengeur,
D'une de fes fleches cruelles
En partant il me bleffe au cœur.

Va, dit-il, aux pieds de Silvie
De nouveau languir & brûler ;
Tu l'aimeras toute ta vie,
Pour avoir ofé m'éveiller.

DE LA MOTTE,

AIR. N°. 25.

JE trouve un jour sur l'herbette fleurie,
Un petit arc, des fleches, un carquois :
Je ne voyois pourtant dans la prairie
Aucun chaffeur, & j'étois loin du bois.

D'abord j'ai peur, je m'en fuis au plus vîte ;
Puis je reviens, mais sans trop approcher :
J'avance un peu.... j'examine... j'héfite.
J'avois pourtant grand defir d'approcher.

Tout à l'entour avec soin je regarde :
Je m'enhardis, me croyant sans témoin ;
A m'en faifir alors je me hafarde :
J'aurois mieux fait de le jetter bien loin.

Je prends un trait, j'admire fa figure :
Il étoit d'or, il paroiffoit charmant,
Ah ? tout-à-coup je fens une bleffure ;
Je fais un cri, j'entends rire à l'inftant.

Ah ! ah ! vraiment, vous êtes curieufe,
Dit une voix ; mais à tort vous pleurez :
Une autrefois vous ferez plus heureufe ;
Pour cette fois vous vous en fouviendrez.

L'AMOUR

L'AMOUR MIS EN CAGE.

Air du ménuet d'Exaudet. N°. 26.

Point de bruit,
Ce réduit
Solitaire
Eſt propre à tendre mes rêts :
Guêtons dans ces boſquets
Les oiſeaux de Cytnere :
J'en aurai,
Je ſaurai
Leur cachette ;
Mes filets font ſous des fleurs,
Un des oiſeaux voleurs
S'y jette.

Je ſaute deſſus ma priſe,
En cage elle eſt bientôt miſe.
Quel oiſeau !
Qu'il eſt beau !
Quel ramage !
Je le ſiffle, il vient chanter
Qu'il ne veut plus quitter
Sa cage.

Il me dit
Qu'il chérit
L'eſclavage,

Mon prifonnier me fait peur ;
C'eft l'Amour, ce trompeur,
Qui dit en fon langage :
Oui, Lifon,
Qu'en prifon
L'on me tienne ;
Je ne veux ma liberté
Qu'après t'avoir ôté
La tienne.

LAUJON.

L'IMPRUDENTE PUNIE.

AIR. N°. 27.

Dans un bois la trop fimple Annette
Trouva le dieu de Paphos,
Etendu fur le dos,
Qui fe livroit au repos ;
Il dormoit, & cette follette,
D'un air naïf & diftrait,
Sans en prévoir l'effet,
Prit fon trait.

Sans effroi, près de lui feulette,
L'imprudente badinoit,
Tournoit & retournoit
La fleche qu'elle tenoit

Quand dans fon cœur
Se plongea ce trait vainqueur :
Ah !
Comment eft-il entré-là ?

Que je fens de vives alarmes !
Dit la belle avec tranfport ;
Je vois trop tard mon tort.
Filles, qui craignez mon fort,
Gardez-vous de toucher ces armes ;
On retient le coup en vain,
Il gliffe de la main
Dans le fein.

MÉPRISE DE L'AMOUR.

A I R. N°. 17.

VÉNUS fur la molle verdure
D'un jonc fraîchement amaffé,
Repofoit fous la voûte obfcure
D'un chevrefeuil entrelacé.

Le feuillage toufflu d'un hêtre
Couronnoit ce fombre berceau ;
Au pied de ce trône champêtre,
Serpentoit un profond ruiffeau.

Vénus dans fon cryſtal fidele ,
Plongeoit des regards fatisfaits ?
Il préſentoit à l'immortelle
La vive image de ſes traits,

Des poiſſons la troupe timide
Reſpecte ce divin tableau :
L'habitant de la rive humide
Se cache & n'oſe troubler l'eau.

Le tigre que la ſoif attire
Sur l'émail de ces bords fleuris ,
A pas ſuſpendus ſe retire ,
De tant de merveilles ſurpris.

Depuis le lever de l'aurore
L'Amour rodoit en ces cantons ,
Et n'avoit pu bleſſer encore
Que des oiſeaux & des moutons.

Il démêle enfin la déeſſe
Au travers du feuillage épais ,
Il prend ſon arc , tire & la bleſſe
Du plus meurtrier de ſes traits.

Perfide enfant ! s'écria-t-elle ,
D'où vient contre moi ta fureur ?
Je vous prenois pour Iſabelle ,
Dit l'Amour , pardonnez l'erreur.

LA CHAPELLE DE VÉNUS.

AIR. N°. 18.

Sortant de l'humide ſéjour,
Vénus fut conduite à Cybele ;
C'étoit pour plier l'immortelle
A l'étiquette de la cour.
Au ton grave de ſon modele,
Pouvoit-elle ſe conformer ?
L'art de plaire & de tout charmer, } *bis.*
Eſt la dignité d'une belle.

C'étoit toujours nouveau chagrin :
La majeſté d'une déeſſe
Ne permet pas qu'au jour paroiſſe
L'albâtre arrondi d'un beau ſein.
Fuyant ſa tutrice incommode,
Vénus s'échappe un jour des cieux,
Pour chercher un climat heureux, } *bis.*
Où les appas ſoient plus de mode.

Elle fixe ſes pas errans
Auprès d'un temple de Cybele ;
Une indulgence ſolemnelle
Le rempliſſoit de pénitens.
Voyant une foule ſi grande,
Un projet lui vint auſſi-tôt :
C'eſt d'arrêter chaque dévot, } *bis.*
Et de s'appliquer ſon offrande.

D iij

Un fimple autel naît dans les champs,
Des fleurs font toute fa richeffe ;
Mais Vénus en eft la prêtreffe,
Et les Amours les deffervans.
La foule avec idolâtrie
A fon oratoire fe rend :
C'eft que le cœur eft bien fervent,   *bis.*
Lorfque c'eft la beauté qu'il prie.

Cybele , fans adorateurs ,
N'avoit pas même un facrifice.
Ah ! lui dit un jeune novice,
Il n'eft plus de foi , ni de mœurs :
Faut-il qu'émule de Cybele
Vénus entraîne les paffans ?
Pour le temple il n'eft plus d'encens ,   *bis.*
Ils brûlent tout à la chapelle.

LE PRIEUR.

LES BIZARRERIES DE L'AMOUR.

AIR. N°. 29.

L'ART à l'amour eft favorable ,
Et fans art l'amour fait charmer ;
A la ville on eft plus aimable ;
Au village , on fait mieux aimer.
Ah ! pour l'ordinaire ,
L'amour ne fait guerre
Ce qu'il permet , ce qu'il défend ,
C'eft un enfant , c'eft un enfant.

Ici, de la fimple nature,
L'amour fuit la naïveté :
En d'autres lieux, de la parure,
Il cherche l'éclat emprunté.
   Ah ! pour l'ordinaire, &c.

Souvent une flamme chérie
Eft celle d'un cœur ingénu ;
Souvent par la coquetterie
Un cœur volage eft retenu.
   Ah ! pour l'ordinaire, &c.

A voltiger de belle en belle,
On perd fouvent l'heureux inftant,
Souvent un berger trop fidele
Eft moins aimé qu'un inconftant.
   Ah ! pour l'ordinaire, &c.

L'Amour, fuivant fa fantaifie,
Ordonne & difpofe de nous :
Ce dieu permet la jaloufie,
Et ce dieu punit les jaloux.
   Ah ! pour l'ordinaire, &c.

A fon caprice on eft en butte ;
Il veut les ris, il veut les pleurs :
Par les rigueurs on les rebute,
On l'affoiblit par les faveurs.
   Ah ! pour l'ordinaire, &c.
                    J. J. ROUSSEAU.

QUATRAIN.

AIR : *Nous ſommes précepteurs d'amour.*

Nº. 23.

On met l'Amour au rang des dieux ;
J'avois cru long-tems cette fable.
Églé m'a fait ſentir ſes feux,
Ce n'eſt pas un dieu, c'eſt un diable.

BORDES.

ASYLE DONNÉ A L'AMOUR.

AIR.   Nº. 30.

Un enfant plein de charmes
Hier vint m'embraſſer,
Et me dit tout en larmes :
On vient de me chaſſer.
L'inconſtante Lucile
M'accable de froideur :
Ah ! je n'ai plus d'aſyle,
Berger, que dans ton cœur.

N'en es-tu pas le maître ?
Lui dis-je, en ſoupirant,

Viens, donne un nouvel être
Au plus fidele amant.
A ces mots, de mon ame
Il s'empare en vainqueur,
Et j'ai ſenti ſa flamme
Redoubler mon ardeur.

Amour, reſte ſans ceſſe
Eh dépôt dans mon cœur ;
Flatte encor ma tendreſſe
Par l'eſpoir du bonheur.
Un jour ſi l'infidele
Retournoit à ta loi,
Pour moi fais auprès d'elle
Ce que j'ai fait pour toi.

LES OFFRES DE L'AMOUR.

AIR : *J'aime une ingrate beauté.*

Nº. 22.

L'AMOUR venant m'embraſſer
Dans un boſquet ſolitaire,
Dit : je veux récompenſer
Ton cœur fidele & ſincere :
   Mon pouvoir partagé
   Va faire ton ſalaire ;
   Vois, dans tout ce que j'ai,
   Ce qui pourroit te plaire.

Ton cœur veut-il voltiger ;
Je t'abandonne mes ailes.
—— Non , je ne veux point changer ,
J'aime la belle des belles.
—— Accepte donc mes traits.
—— Eh ! qu'en pourrois-je faire ?
Je renonce aux attraits
De toute autre bergere.

—— Mon flambeau te plaît-il mieux ?
—— J'ai tout son feu dans mon ame ;
Pour moi l'objet de mes vœux
Brûle de la même flamme.
Que puis-je desirer ?
N'ai-je pas la richesse ,
Quand je fais soupirer
Mon aimable maîtresse ?

—— Je n'ai plus que mon bandeau,
Dit l'Amour , avec colere.
—— C'est le présent le plus beau
Que ta main puisse me faire.
Si d'infidélité
Ma bergere est capable ,
Qu'il m'ôte la clarté ,
Et cache la coupable.

L'AMOUR CHASSEUR.

AIR : *Du Maréchal, tôt, tôt, tôt.*

Nº. 31.

L'AMOUR est un vrai braconnier,
On perd son tems à l'épier ;
Il met en défaut les Minerves,
Il chasse de jour & de nuit ;
Ses fusils ne font pas de bruit,
Il va dans toutes les réserves.
   Chut, chut, chut,
    Droit au but
    Ce dieu tire ;
Mais ce n'est jamais pour détruire.

Fillettes, craignez ce chasseur,
Sa finesse est dans sa douceur :
Il n'est soumis que pour surprendre,
Il peint tous les objets en beau ;
Le bonheur lui tient lieu d'apeau ;
Un cœur naïf s'y laisse prendre.
   Doux, doux, doux,
    Tous ses coups
    Vous caressent ;
Mais en caressant ils vous blessent.

Quand il pourfuit une beauté,
Il fuit avec avidité
D'un pied léger la trace empreinte :
Pour Gaulis , il a des berceaux ,
Pour cors-de-chaffe des oifeaux,
Et le myftere pour enceinte,

      Bas , bas , bas ,
      Pas à pas
      En filence
Il marque fa place & s'élance.

L'AMITIÉ,

CONSOLATION DE LA VIEILLESSE.

AIR : *Que ne fuis-je la fougere.* N°. 12.

QUAND la vieilleffe commence,
La douceur de foupirer
Eft l'unique jouiffance
Qu'il foit permis d'efpérer.
L'amour fuit , l'amitié tendre
Ofe alors lui reffembler ,
Mais trop peu pour rien prétendre ,
Affez pour nous confoler.

Adieu , folle & douce ivreffe ,
Que je pris pour le bonheur.

J'eus

J'eus des sens dans ma jeunesse ,
Ilme reste encore un cœur.
Que celle à qui je le donne
Daigne en approuver l'ardeur ,
Je dirai : mes jours d'automne
Ont encor quelque chaleur.

Pour l'amour , tout est martyre,
Enthousiasme ou fureur ;
Pour l'amitié qui soupire ,
Tout est plaisir & faveur.
Églé regne sur mon ame ,
Sans en troubler le repos ,
Et mes desirs & ma flamme
N'alarment point mes rivaux.

Je la verrai poursuivie
Par la foule des Amours ;
Et le déclin de ma vie
Jouira de ses beaux jours.
Tel , sur sa tige inclinée ,
Un vieux chêne de cent ans ,
Croît renaître chaque année
Avec les fleurs du printems.

MOREAU.

LA FEMME
ET LE PHILOSOPHE,
DIALOGUE.

AIR : *L'avez-vous vu mon bien aimé?*

N°. 32.

LE PHILOSOPHE.

Pour la raison c'est un poison
Que d'avoir l'ame tendre.

LA FEMME.

De ce poison, n'a pas raison
Qui cherche à se défendre.

LE PHILOSOPHE.

Douce raison ! triste poison !

LA FEMME.

Charmant poison ! triste raison !

LE PHILOSOPHE.

Point de poison : à la raison
Il faut bien qu'on se rende.

LA FEMME.

Point de raison : c'est du poison,
Monsieur, qu'on vous demande.

LE CH. DE BOUFFLERS.

LE LOGEMENT DE L'AMITIÉ.

AIR : *La lumiere la plus pure.* Nº. 33.

L'AMITIÉ n'eſt pas facile
Sur le choix d'un logement ;
Elle aime un ſéjour tranquille
Pour converſer librement :
Le plus beau manoir l'ennuie,
Quand elle y voit du vernis ;
Du haut du bas ennemie,
Elle veut des lieux unis.

Son déplaiſir eſt extrême
Dans un lieu ſombre & couvert ;
Le grand jour eſt ce qu'elle aime ;
Par-tout elle veut voir clair :
D'une architecture folle
Mépriſant les vains rapports,
Elle défend qu'on immole
L'intérieur au dehors.

Jamais pour ſa réſidence
Nul endroit n'eſt deſtiné,
Qu'il ne ſoit par ſa prudence
Mûrement examiné :
Telle eſt enfin ſa maniere,
Qu'il ne faut dans ſon ſéjour
Point de porte de derriere,
De recoin, ni de détour.

E ij

Mais lorſque le ſort propice
Lui fait trouver une fois
Un bon & commode hoſpice,
Un lieu digne de ſon choix ;
Elle en fait ſon domicile,
Et ſon cœur s'y plaît ſi fort,
Que ſouvent dans cet aſyle
On la voit juſqu'à la mort.

Cupidon, tout au contraire,
Sans rien voir, loge en tout lieu ;
Mais il n'y ſéjourne guere :
Vîte il part, ſans dire adieu :
Le terme de vingt-quatre heures
Lui ſuffit, & l'étourdi
Fait quelque fois ſix demeures
Du dimanche au ſamedi.

INCONVÉNIENS
DE L'AMOUR ET DE L'AMITIÉ.

Air des Triolets. Nº. 34.

Quand l'amitié devient amour,
Adieu le repos de la vie :
On eſt tourmenté nuit & jour,
Quand l'amitié devient amour.
Craignons quelque fâcheux retour ;
Fuyons la douce ſympathie ;

Quand l'amitié devient amour,
Adieu le repos de la vie.

Quand l'amour devient amitié,
Adieu le charme de la vie :
Quelle tiédeur, quelle pitié,
Quand l'amour devient amitié !
En vain l'eſtime eſt de moitié ;
Au ſein de la gloire, on s'ennuie.
Quand l'amour devient amitié,
Adieu le charme de la vie.

DE LA LOUPETIERE.

PARALLELE

DE L'AMOUR ET DE L'AMITIÉ.

AIR. N°. 35.

ON jouit, on s'amuſe à tout âge ;
Sur le goût le plaiſir eſt formé.
J'ai goûté dans un tendre eſclavage
Le plaiſir d'aimer & d'être aimé :
  Aujourd'hui ſuis-je moins charmé
De la tendre amitié qui m'engage ?
On jouit, on s'amuſe à tout âge ;
Sur le goût le plaiſir eſt formé.

De l'Amour quand j'étois la conquête,
Mon bonheur étoit moins affermi ;

E iij

Expofé fans ceffe à la tempête ,
Un amant n'eft heureux qu'à demi.
  Dans les délices d'un ami ,
La raifon n'eft point un trouble-fête.
      De l'amour , &c.

J'aime affez les rofes fans épines ;
Je m'en tiens aux plaifirs fans tourmens :
Les foucis & les humeurs chagrines ,
Trop fouvent affligent les amans.
  Les amis de leurs fentimens
Ont banni ces vapeurs enfantines.
      J'aime affez , &c.

Les tranfports d'une amoureufe flamme
Sont charmans , mais ils durent trop peu.
Un amant glace , comme il enflamme ;
En amour ce contrafte eft un jeu.
  L'amitié fent bien moins de feux ,
Mais elle a plus de force & plus d'ame.
      Les tranfports , &c.

L'amour craint la cenfure publique ;
Il fe tait , & foupire tout bas :
Il gémit fous les loix tyranniques
Des Argus attachés fur fes pas.
  L'amitié ne fe gêne pas ,
Sa candeur affronte la critique.
      L'amour craint , &c.

AVANTAGES
DE L'UNION DE L'AMOUR
AVEC L'AMITIÉ.

AIR : *Vive le vin ! vive l'amour !* Nº 36.

Vive l'Amour ! vive fa fœur !
Tous deux raffemblés dans mon cœur ,
Ils font le deftin de ma vie.
De tous deux mon ame ravie
Tient fes plaifirs & fes douleurs :
Lorfque l'Amour me fait verfer des pleurs ,
C'eft l'Amitié qui les effuie.

GINGUENÉ.

LE RUISSEAU.

AIR.   N°. 37.

Ruisseau, qui baignes cette plaine,
Je te ressemble en bien des traits :
Toujours même penchant t'entraîne,
Le mien ne changera jamais.

Ton murmure flatteur & tendre
Ne cause ni bruit, ni fracas :
Plein du souci qu'amour fait prendre,
Si j'en murmure, c'est tout bas.

Rien n'est dans l'empire liquide
Si pur que l'argent de tes flots :
L'ardeur, qui dans mon sein réside,
N'est pas moins pure que tes eaux.

Des vents, qui font gémir Neptune,
Tu braves les coups redoublés :
Des jeux cruels de la fortune,
Mes sens ne sont jamais troublés.

Je ressens pour ma tendre amie
Cet amoureux empressement
Qui te porte vers la prairie,
Que tu chéris si constamment.

Quand Thémire eft fur le rivage,
Dans tes eaux on voit fon portrait ;
Je conferve auffi fon image ;
Dans mon cœur elle eft trait pour trait.

Tu n'as point d'embûche profonde ;
Je n'ai point de piége trompeur ;
On voit jufqu'au fond de ton onde ,
On lit jufqu'au fond de mon cœur.

Au but , prefcrit par la nature ,
Tu vas d'un pas toujours égal ,
Jufqu'au tems où , par fa froidure ,
L'hiver vient glacer ton criftal.

Sans Thémire je ne puis vivre ;
Mon but à fon cœur eft fixé ;
Je ne cefferai de la fuivre ,
Que quand mon cœur fera glacé.

PANNARD.

LA ROSE.

AIR. N°. 38.

TENDRE fruit des pleurs de l'Aurore,
Objet des baisers du Zéphyr ;
Reine de l'empire de Flore ,
Hâte-toi de t'épanouir.

Que dis-je? hélas ! differe encore ,
Differe un moment à t'ouvrir ;
Le jour qui doit te faire éclore ,
Est celui qui doit te flétrir.

Thémire est une fleur nouvelle ,
Qui doit subir la même loi :
Rose , tu dois briller comme elle ,
Elle doit passer comme toi.

Descends de ta tige épineuse ,
Viens la parer de tes couleurs ;
Tu dois être la plus heureuse ,
Comme la plus belle des fleurs.

Va , meurs sur le sein de Thémire ,
Qu'il soit ton trône & ton tombeau. ,
Jaloux de ton sort , je n'aspire
Qu'au bonheur d'un trépas si beau.

L'amour aura foin de t'inftruire
De quel côté tu dois pencher.
Éclate à mes yeux fans leur nuire;
Pare fon fein fans le cacher.

Si quelque main a l'imprudence
D'y venir troubler ton repos,
Emporte avec toi ta défenfe,
Garde une épine à mes rivaux.

Qu'enfin elle rende les armes
Au dieu qui forma mes liens,
Et qu'en voyant périr tes charmes,
Elle apprenne à jouir des fiens.

BERNARD.

LE PAPILLON.

AIR. N°. 39.

PAPILLON, ton penchant volage
Te porte à tout, fans t'arrêter;
Tu voltiges, rien ne t'engage:
Ah! que ne puis-je t'imiter!

De l'Amour tu n'as que les aîles,
Ce dieu me retient dans fes fers:
Tu ne trouves point de cruelles,
C'eft une ingrate que je fers.

Chaque fleur que ton cœur defire
Eft prête à fervir tes plaifirs;
Que ne vois-je, hélas! ma Thémire,
Recevoir ainfi mes foupirs!

Le foleil ouvre fa carriere,
C'eft pour éclairer ton bonheur;
Dès qu'il a frappé ma paupiere,
Il eft témoin de ma douleur.

Chaque jour plus chéri de Flore,
Tu lui fais de nouveaux préfens;
Et la bergere que j'adore
Dédaigne toujours mon encens.

A te rendre heureux tout confpire;
Tout contre moi femble irrité:
Mais le plaifir d'aimer Thémire,
Vaut au moins ta félicité.

LA PÊCHE VOLÉE.

AIR : *Dans un verger Colinette.* N°. 40.

Une pêche m'étoit chere;
Je la foignois de ma main:
Pomone en eût été fiere;
C'étoit l'orgueil du jardin;
Pour l'offrir à ma bergere,
Un jour je la cherche en vain.

Mais

Mais fur ce vol témeraire,
Bientôt mon cœur fe fit jour :
C'étoit le dieu de Cythere,
Qui m'avoit joué ce tour ;
Et la charmante Glycere
Fut complice avec l'Amour.

Tout dit qu'elle a de ma pêche
Recélé l'heureux larcin :
Oui, fur fa peau blanche & fraîche,
On en voit le duvet fin ;
Les deux moitiés de ma pêche
Ont arrondi fon beau fein.

Sur fa joue ronde & pleine,
Ma pêche a mis fa couleur ;
De ma pêche fon haleine
A le parfum fi flatteur ;
Et le noyau, pour ma peine,
Se retrouve dans fon cœur.

LE TOURTEREAU,

TUÉ A LA CHASSE.

AIR : *Vous qui du vulgaire stupide.* N°. 8.

Cœur pur où régnoit l'innocence,
Touchante image du bonheur,
Modele heureux de la constance,
Symbole aîlé de la douceur !
D'un plomb que le salpêtre anime,
Tu reçois le coup dans tes flancs ;
Tu meurs, hélas ! triste victime
De nos cruels amusemens.

J'ai vu... J'ai vu ta jeune amante,
Sensible au coup qu'on t'a porté,
S'eloigner d'une aîle tremblante,
Et fuit d'un vol précipité.
Heureuse, si la main cruelle,
Sous qui tu tombas expirant,
L'eût par une atteinte mortelle,
Rejointe à son fidel amant !

Je la suivis dans un bocage,
Où, s'enivrant de ses douleurs,
Son triste & douloureux ramage,
A mes yeux arracha des pleurs :

De l'écho la nymphe attendrie,
Répéta fes tendres accens;
Écoute-les , ombre chérie ,
Je les retins , je te les rends.

« Ainfi l'on t'enleve à ma flamme ?
» Ainfi s'éteignent nos amours !
» La mort, fans refpecter leur trame ,
» A pu trancher de fi beaux jours !
» Quel crime ? . . . peut-être infidele. . .
» Non , non , tu ne la fus jamais.
» Notre tendreffe mutuelle
» Servoit d'exemple en nos forêts.

» Un même jour nous donna l'être ;
» D'époux conftans , gages chéris ;
» Un même berceau nous vit naître ,
» Toujours heureux , toujours unis.
» L'hymen devoit , amans encore ,
» Couronner nos tendres defirs ,
» Quand le printems eût fait éclore
» Un fanctuaire à nos plaifirs.

» De ce témoin de ma tendreffe ,
» De l'arbre où je reçus ta foi ,
» Entends la voix de ma trifteffe ,
» Ombre chérie , écoute-moi :
» Aux pleurs je confacre le refte
» Des jours deftinés au bonheur :
» Tu meurs , frappé d'un coup funefte ;
» Moi , je mourrai de ma douleur. »

Ont fait qu'à leurs moitiés fideles,
Dans leurs tendres engagemens,
Les innocentes tourterelles
Gardent la foi de leurs fermens :
Depuis ce jour, trifte, mourante,
Elle confie à nos forêts,
D'une voix plaintive & touchante,
Ses pleurs, fon amour, fes regrets.

Toi, dont le fouvenir fi tendre
Pour jamais nourrira mon cœur,
Charmant oifeau, puiffe ta cendre
Être fenfible à fa douleur !
Puiffé-je, au gré de ma tendreffe,
Comme toi, pour t'avoir chanté,
Vivre chéri de ma maîtreffe,
Et mourir auffi regretté !

LE NID DE FAUVETTES.

A I R.   N°. 41 *ou* 37.

JE le tiens ce nid de fauvette :
Ils font deux, trois, quatre petits.
Depuis fi long-tems je vous guette,
Pauvres oifeaux, vous voilà pris.

Criez, fifflez, petits rebelles,
Débattez-vous; oh ! c'eft en vain :
Vous n'avez pas encor des ailes ;
Comment vous fauver de ma main ?

Mais quoi ! n'entends-je pas leur mere,
Qui pousse des cris douloureux ?
Oui, je le vois, oui, c'est leur pere,
Qui vient voltiger autour d'eux.

Ah ! pourrois-je causer leur peine,
Moi, qui l'été, dans nos vallons,
Venois m'endormir sous un chêne
Au bruit de leurs douces chansons

Hélas ! si du sein de ma mere,
Un méchant venoit me ravir !
Je le sens bien, dans sa misere,
Elle n'auroit plus qu'à mourir.

Et je serois assez barbare
Pour vous arracher vos enfans !
Non, non, que rien ne vous sépare,
Non : les voici, je vous les rends.

Apprenez-leur, dans le bocage,
A voltiger auprès de vous ;
Qu'ils écoutent votre ramage,
Pour former des sons aussi doux.)

Et moi, dans la saison prochaine,
Je reviendrai dans les vallons
Dormir quelquefois sous un chêne,
Au bruit de leurs jeunes chansons.

BERQUIN.

LES MOINEAUX.

AIR : *Que ne ſuis je la fougere !* N°. 12.

QUE vous avez d'avantages ,
Moineaux , dont je ſuis jaloux !
Vous êtes , dit-on , moins ſages ,
Mais bien plus heureux que nous.
Chez vous le penchant décide ,
D'accord avec la ſaiſon ,
Et vous n'avez point pour guide
Une importune raiſon.

A peine avez-vous des aîles ,
Que vous êtes amoureux ;
Et dans le nid avec elles
Vous ſentez croître vos feux :
Sitôt que par la campagne
Elles peuvent vous porter ,
D'une gentille compagne
Vous allez vous accoſter.

S'il s'en trouve de cruelles ,
Elles n'ont que des rigueurs
Qui paſſeroient chez nos belles
Pour les plus douces faveurs.
Si quelqu'un de vous trop tendre
Vient à perdre le reſpect ,
On n'uſe pour le reprendre
Que d'un petit coup de bec.

Lachéfis, dans vos bocages,
Coupe le fil de vos jours ;
S'ils ont un défavantage,
C'eft celui d'être trop courts.
Si l'on mefure la vie
Par les momens les plus doux,
Moineaux , trop dignes d'envie ,
Qui vit plus long-tems que vous ?

L'HIRONDELLE.

AIR. N°. 42.

QUAND l'hirondelle ,
A tire-d'aîle ,
Vole & rappelle
Le doux printems ;
C'eft pour apprendre
A tout cœur tendre ,
Que pour fe rendre
Il n'eft qu'un tems. |

Quand du bel âge
Fille peu fage
Flétrit l'ufage ,
Du doux plaifir
Le lys s'efface ;
L'éclat qui paffe
Laiffe la trace
Du repentir.

D'un cœur qui change ,
Eſt-il étrange
Qu'Amour ſe venge
Par des rigueurs ?
Le tems amene
Soucis & peine :
Pour lors ſa chaîne
N'eſt plus de fleurs.

Quand une belle ,
Un peu cruelle ,
Retient près d'elle
L'amant chéri !
C'eſt la ſageſſe ,
Qui , par tendreſſe ,
Pour la vieilleſſe
Garde un mari.

AVIS.

AIR.   N°. 24 ou 37.

Vous qui toujours ſuivez mes traces ,
Et qui me cherchez avec ſoin ,
Par-tout où vous verrez les Graces ,
Croyez qne l'Amour n'eſt pas loin.

D'un moineau près de ſa fauvette
Liſe admire le tendre ſoin ;
Elle rêve , elle eſt inquiete ;
Croyez que l'amour n'eſt pas loin.

Les premiers jours le mariage
Eſt un nœud charmant qui nous joint ;
Au bout d'un mois, quel eſclavage !
Ah ! l'amour eſt déja bien loin.

Ne vous contentez pas de plaire,
Belles, aimez à votre tour :
Les plaiſirs que vous pourrez faire,
Seront bien payés par l'amour.

L'or, plus fort que grille & ſerrure,
De Danaé força la tour.
Donnez, amans, avec uſure
Vous ſerez payés par l'amour.

Mari, dont la flamme jalouſe
Ne peut ſouffrir le moindre ſoin,
Si vous renfermez votre épouſe,
Ce que vous craignez n'eſt pas loin.

Dans un bois, Tircis & Liſette
Se croyoient ſeuls & ſans témoin :
Chacun jetta là ſa houlette,
Je crois qu'amour n'étoit pas loin.

CONSEILS.

AIR : *Des simples jeux de mon enfance.*

Nº. 43.

SANS vouloir trop chérir la vie,
Par nos soins sachons l'embellir ;
Mais n'ayons pas la fantaisie
De chérir toujours le plaisir.
Pour le trouver, il faut l'attendre :
Qui sans cesse court après lui,
Au moment qu'il croit le surprendre,
Souvent n'embrasse que l'ennui.

Des faux biens craignons l'imposture,
La vanité fait peu d'heureux :
Aux vrais plaisirs de la nature,
Sagement bornons tous nos vœux.
S'il se peut, de l'amour volage
Fuyons le séduisant attrait :
Trop rarement il dédommage
Des sacrifices qu'on lui fait.

Cependant, si de sa puissance
Nous ne pouvons nous garantir,
Goûtons le plaisir qu'il dispense,
En attendant le repentir.
Aux douceurs que l'amitié donne,
Qui consacre le plus d'instans,

Eprouvera que fon automne
Differe peu de fon printems.

Gardons-nous d'avoir la manie
De toujours prétendre à l'efprit :
Préférons l'aimable folie ;
Ne parlons point comme on écrit.
En tout évitons la contrainte ;
Aimons ces premiers mouvemens :
Que le cœur fans art & fans feinte,
Laiffe échapper fes fentimens.

Défendons à l'indifférence
De jamais glacer notre cœur :
Elle éteint toute jouiffance ;
Par elle on eft mort au bonheur.
Finiffons ; la morale ennuie ,
Et de rien ne fait garantir;
Il faut, pour jouir de la vie ,
Raifonner peu , beacoup fentir.

MADAME SAURIN.

LA LOI D'ÉPICURE.

AIR.   Nº. 8.

Vous, qui du vulgaire stupide
Voulez écarter le bandeau,
Prenez Épicure pour guide,
Et la nature pour flambeau.
Il n'invente point de systêmes,
Il ne fait que bannir l'erreur :
Et si nous rentrons en nous-mêmes,
Épicure est dans notre cœur.

La nature, prudente & sage,
N'a jamais rien produit en vain ;
Nos sens ont chacun leur usage,
Et nous devons tendre à leur fin.
Pour nous l'enseigner, la nature
Nous a fait présent du desir ;
Par une route toujours sûre,
Il nous mene droit au plaisir.

Mais le plaisir cesse de l'être,
Dès qu'il cesse d'être goûté :
La débauche ne peut paroître
Sans faire fuir la volupté.
Qu'accompagné de la tendresse,
L'amour soit fils du sentiment,
Et que Bacchus, laissant l'ivresse,
N'ait avec lui que l'enjoûment.

Ton

Ton cœur eſt épris de Thémire,
Thémire eſt ſenſible à ſon tour ;
Tous deux , dans un commun délire ,
Cueillez les roſes de l'amour.
A ſervir l'ardeur de vos flammes,
Employez l'été de vos ans ,
Et qu'à l'ivreſſe de vos ames,
Se joigne celle de vos ſens.

Que les ardeurs de la jeuneſſe
Se temperent avec Vénus ;
Que les glaces de la vieilleſſe
Se réchauffent avec Bacchus.
La vie eſt un inſtant qui paſſe ,
Malgré nous il va s'envoler ;
Rempliſſons-en du moins l'eſpace,
Ne pouvant pas le reculer.

SAURIN.

SYSTÊME DE PLAISIR.

AIR. Nº. 44.

Vous qui cherchez le délectable ,
Venez ici prendre leçon.
Je donne tout à l'agréable ,
La joie eſt toujours de ſaiſon :
Je ſuis un philoſophe aimable
Qui vient corriger la raiſon.

Tome I. G

Le plan de mon joyeux syſtême ,
Se peut concevoir aiſément;
Le plaiſir eſt le bien ſuprême :
Voilà mon unique argument.
Diſputes-tu ? Ton cœur lui-même
Me ſert de preuve & te dément.

Cette vérité ſimple & pure ,
Chaque inſtant ſe préſente à moi ;
Toujours fidele à la nature ,
Son étude eſt mon ſeul emploi :
Mes ſens ſont la juſte meſure
De ſes bienfaits & de ſa loi.

Tais-toi donc , orgueilleux ſtoïque ;
Ta morale a trop de rigueur ;
Ta ſageſſe eſt problématique ,
Ton triſte ſang-froid me fait peur.
En vain à l'eſprit on s'explique ,
Quand on ne parle pas au cœur.

On n'apperçoit dans Ariſtote
Qu'embarras & qu'obſcurité :
Il crut jadis , dans ſa marotte ,
Avoir conquis la vérité.
Laiſſons ce vieillard qui radote ,
C'eſt le droit de l'antiquité.

Socrate , Platon & Séneque
Avoient des talens précieux :
Ils ſont dans ma bibliotheque ,
Je les ai placés de mon mieux.
Ils ont ſur moi bonne hypotheque ;
Je lirai quand je ſerai vieux.

Les maximes les plus fuivies
Ne font pas principes certains :
Le fuccès , felon mon envie ,
Ne répond pas à nos defleins.
Pythagore a fait des impies ,
Hypocrate des aflaffins.

Quand je vois les plus grands d'Athenes ,
Avec un refpect empreffé ,
Courir après leur Diogene :
Quoi ! dis-je , d'un ton courroucé ,
Encor fi la tonne étoit pleine !
Mais ce n'eft qu'un tonneau percé.

Qu'apprend-on avec Héraclite ,
Qui larmoie en joignant les mains ?
S'inftruit-on avec Démocrite ,
Qui rit des dieux & des humains ?
Le contrafte eft tout le mérite
De ces rivaux contemporains.

Revenons donc à mon fyftême ,
Amis , ufez-en à loifir :
Éloignez-vous de tout extrême ,
N'épuifez ni foif , ni defir.
Le plaifir eft le bien fuprême ;
Mais l'excès n'eft point un plaifir.

Pardonne-moi , grand Épicure ,
Si j'ofe commenter ta loi :
Ne le prends pas pour une injure ,
Chacun travaille ici pour foi.
Ton fyftême eft d'après nature ,
Elle m'a parlé comme à toi.

L'ÉPICURIEN.

AIR : *De tous les Capucins du monde.*

Nº. 45.

JE ne fuis né ni roi, ni prince,
Je n'ai ni ville, ni province,
Ni prefque rien de ce qu'ils ont,
Et je fuis plus content peut-être.
Je ne fuis pas tout ce qu'ils font,
Mais je fuis ce qu'ils voudroient être.

En vain, fans ma philofophie,
L'homme, durant toute fa vie,
Biens fur biens accumulera ;
Il faut, quoiqu'on en veuille dire,
Ne defirer que ce qu'on a ,
Pour avoir tout ce qu'on defire.

Non, je ne veux point de contrainte,
Ni pour Philis, ni pour ma pinte ;
Je ne veux vivre que pour moi ;
Je fuis partifan d'Épicure ;
Mon tempérament fait ma loi,
Je n'obéis qu'à la nature,

L'amour a des douceurs fecretes,
Qui plaifent aux ames bien faites

Plus que la derniere faveur :
Cette preuve qu'on croit si sûre ,
Vient bien moins du penchant du cœur ,
Que des besoins de la nature.

LES TROIS PLAISIRS DE LA VIE.

A I R : *Est-il de plus douces odeurs ?*

N°. 46.

J'A I cinquante ans , j'ai le desir
  De vivre en homme sage ;
J'ai consulté sur le plaisir
  Qui convient à mon âge :
En secret j'ai vu tour-à-tour ,
  Sur ce point nécessaire ,
Apollon , Bacchus & l'Amour :
  On ne pouvoit mieux faire.

L'Amour m'a dit : Il faut aimer.
  Et le dieu de la treille ,
Qu'un berger ne doit s'enflammer
  Qu'auprès de sa bouteille.
A chanter Glycere & le vin ,
  Apollon met sa gloire ;
D'où je conclus qu'il faut sans fin ,
  Chanter , aimer & boire.

L'HOMME RAISONNABLE.

AIR. Nº. 47.

JE ne forme point de desirs
Que ceux qu'exigent les plaisirs
  Qu'on goûte dans la vie.
De ce que j'ai je sais jouir ;
Ce que je ne peux obtenir
  Me cause peu d'envie,   *Bis.*

Tous les jours je rends grace aux Dieux
Des bienfaits que j'ai reçus d'eux ;
  Je ne fais nulle plainte.
Soumis aux ordres du destin,
Tranquillement j'attends ma fin,
  Sans desir & sans crainte,   *Bis.*

Le passé ne peut revenir ;
On ne peut prévoir l'avenir ;
  Du présent on est maître ;
J'en jouis, sans l'approfondir :
Les Dieux m'ont formé pour jouir,
  Et non pas pour connoître.   *Bis.*

Raison, à quoi sert ton flambeau ?
Qui doit, dit-on, jusqu'au tombeau
  Éclairer l'homme sage ?
Dans notre enfance à peine il luit,
Dans la jeunesse il éblouit,
  Il s'éteint avec l'âge.   *Bis.*

REPROCHE AU PLAISIR.

AIR. N°. 48.

Faut-il être tant volage ?
Ai-je dit au doux plaiſir :
Tu nous fuis : ah ! quel dommage !
Dès qu'on a pu te ſaiſir.

Ce plaiſir tant regrettable
Me répond : Rends grace aux Dieux ;
S'ils m'avoient fait plus durable,
Ils m'auroient gardé pour eux.

MADAME LA COMT. DE MURAT.

L'HOMME ACCOMMODANT.

AIR. N°. 49.

Faut-il boire ? faut-il aimer ?
De bon cœur à tout je me livre ;
Je me laiſſe aiſément charmer :
Tout vin , toute beauté m'enivre.
L'homme difficile eſt un ſot ;   } *Refrain.*
Trouver tout bon, c'eſt le vrai lot. }

Veut-on jouer ? nommez les jeux ,
Baſſette , échecs , piquet , quadrille ;

Le choix m'en importe fort peu ;
Vous me feriez jouer aux quilles.
  L'homme difficile, &c.

Veut-on jafer ou difputer ?
Vous pouvez choifir la matiere.
Dieux & Rois font à refpecter ;
Liberté fur le refte entiere.
  L'homme difficile , &c.

En un feul cas il eft permis
De fe rendre un peu difficile ;
C'eft dans le choix de fes amis ;
Mais le choix fait, foyons faciles.
L'homme difficile eft un fot ;
Trouver tout bon , c'eft le vrai lot.

LE MOYEN D'ETRE HEUREUX.

AIR.   N°. 50.

Que chacun de nous fe livre
Aux plus aimables tranfports ,
Et n'attendons pas, pour vivre ,
Que nous foyons chez les morts :
De fleurs parons notre tête ;
Et pour mieux paffer le jour,
Invitons à cette fête
Bacchus & le dieu d'Amour.

Quand notre courfe s'acheve ,
Tous nos ébats font ceffés ;
L'eau de l'oubli nous enleve
Jufqu'à nos plaifirs paffés.
L'Amour , aux royaumes fombres
Ne porte point fon flambeau ;
On n'embraffe que des ombres ,
Et l'on n'y boit que de l'eau.

Aux erreurs de l'ofpérance
N'immolons point nos defirs ;
Le fatal inftant s'avance
Qui détruira nos plaifirs.
Profitons de fon abfence :
Et tandis que le jour luit ,
Qu'un inftant de jouiffance
Succede à celui qui fuit.

Rions de l'erreur extrême
De ce fage prétendu ,
Toujours contraire à lui-même ,
A fa trifteffe affidu :
Que fidele à fon fyftême ,
Dans un lointain avenir ,
Il cherche le bien fuprême ;
Contentons-nous d'en jouir.

L'HOMME

ÉGAL AUX DIEUX PAR LE PLAISIR.

Même air que le précédent.

L'austere philosophie ,
En contraignant nos desirs ,
Prétend que , dans cette vie ,
Il n'est point de vrais plaisirs.
Je renonce à ce systême :
Dieux n'en soyez point jaloux ;
Dans les bras de ce que j'aime ,
Suis-je moins heureux que vous ?

Eh quoi ! m'avez-vous fait naître
Avec des sens superflus ?
Pour avoir le plaisir d'être ,
Faut-il que je ne sois plus ?
Je renonce à ce systême ;
Dieux ! n'en soyez point jaloux !
Dans les bras de ce que j'aime ,
Suis-je moins heureux que vous ?

D'un bonheur imaginaire
Je ne repais point mon cœur ,
Lorsque le présent peut faire
Mon unique & vrai bonheur.

Voilà quel eſt mon ſyſtême.
Dieux ! devenez-en jaloux !
Dans les bras de ce que j'aime,
Je ſuis plus heureux que vous.

Attribuée au Régent.

CONSEIL A THÉMIRE.

Même air que le précédent.

Vos yeux, aimable Thémire,
Lancent mille-traits vainqueurs ;
Profitez de cet empire
Qu'ils vous donnent ſur les cœurs.
Ce n'eſt pas aſſez de plaire,
Il faut ſe laiſſer charmer :
La gloire d'être ſévere,
Ne vaut pas le bien d'aimer.

L'IMAGE DE LA VIE.

AIR. Nº. 51.

AU bord d'un clair ruisseau
Une jeune bergere,
Dans sa course légere,
Regardoit couler l'eau :
Ainsi passent les jours,
Dit-elle, du bel âge ;
Et pour en faire usage,
Donons-les aux amours.

Esclaves des desirs,
Il ne faut point attendre
Qu'on ne puisse plus prendre
Les amoureux plaisirs :
Laissons-nous enflammer
Pendant notre jeunesse ;
Lorsque son ardeur cesse,
Il n'est plus tems d'aimer.

Hélas ! comme le tems,
L'Amour porte des aîles ;
Tous les deux peu fideles,
Tous les deux inconstans :
On ne peut arrêter
Leur faveur passagere,
Et leur humeur légere
Nous dit d'en profiter.

Sans

Sans retour, fans reflux,
Quand l'onde fugitive
A quitté cette rive,
Elle n'y revient plus :
Les charmes, les appas
Suivent les mêmes traces ;
On ne voit point les Grâces
Revenir fur leurs pas.

Rien ne fut fait en vain ;
Tout agit, tout defire ;
Aimer & fe le dire,
C'eft remplit fon deftin.
L'aurore eft pour le jour,
Le foleil pour le monde,
Le rivage pour l'onde,
Et nos cœurs pour l'amour.

L'AMI DU PLAISIR.

AIR. N°. 52.

JE fuis né pour le plaifir ;
Bien fou qui s'en paffe ?
Mais je ne puis le choifir :
Souvent le choix m'embarraffe.
Aime-t-on ? J'aime foudain.
Boit-on ? J'ai le verre en main ;
Je tiens par-tout ma place.

Tome I. H

Dormir est un tems perdu ,
Bien fou qui s'y livre.
Sommeil, prends ce qui t'est dû ,
Mais attends que je sois ivre :
Saisis-moi dans ce moment ,
Fais moi dormir promptement ,
Je suis pressé de vivre.

Mais si quelqu'objet charmant ,
Dans un songe aimable ,
Vient du plaisir séduisant
M'offrir l'image agréable ,
Sommeil , allons doucement ;
L'erreur est , en ce moment ,
Un plaisir véritable.

HAGUENIER.

LE SANS-SOUCI.

AIR.   N°. 53.

Loin d'ici
Le chagrin & le souci,
C'est en racourci
Ma philosophie.
Je bannis
La tristesse & la raison ;
C'est de notre vie
Le poison.

Je me ris
Des préceptes du fage :
Sans procès ,
Sans femme , fans ménage ,
J'ai la liberté ,
La tranquillité ,
J'ai de la fanté ,
De la gaîté.
Dans mes fens eſt ma béatitude :
Affranchi
De toute inquiétude ,
Mon efprit
Fit toujours fon étude
Des attraits de la volupté.

PAR LE MÊME.

L'HEUREUX PHILOSOPHE.

AIR : *Nous autres bons villageois.* N°. 54.

JE n'ai pour toute maifon
Qu'une pauvre & fimple chaumiere ,
Que dans le pays gafcon
On nommeroit gentilhommiere :
Là , loin du bruit & du fracas ,
Sans chagrin & fans embarras ,
Dans une heureufe obfcurité ,
Je jouis de la liberté.

H ij

J'ai dans le même canton
Une vigne pour héritage :
Je prends ſoin de la façon,
Les Dieux béniſſent mon ouvrage.
De ce bien j'uſe de mon mieux,
Je ne garde point de vin vieux :
La fin de mon dernier tonneau,
M'annonce toujours le nouveau.

Que la Fortune à ſon gré
En impoſe à ceux qu'elle joue :
Aſſis au dernier degré,
Je vois de loin tourner ſa roue.
La déeſſe, d'un vain éclat,
Souvent revêtit un pied-plat :
Je ris de toutes ſes erreurs,
Et je renonce à ſes faveurs.

Trop penſer eſt un abus,
Qui veut prévoir eſt miſérable,
Le paſſé ne revient plus :
L'avenir eſt impénétrable,
Le préſent ſeul eſt le vrai bien :
Songeons à l'employer ſi bien,
Que du plaiſir qui va paſſant,
Un autre renaiſſe à l'inſtant.

PAR LE MÊME.

LE CŒUR

EST FAIT POUR LE PLAISIR.

AIR. N°. 55.

Ami, tel est notre destin,
  Tout passe dans la vie.
Quand je quittai le dieu du vin,
  Je brûlai pour Sylvie.
Les muses même, trop souvent,
  Ont reçu mon hommage.
Je les redoute maintenant :
  Mais en suis-je plus sage ?

Tu te trompes, si tu le crois :
  Et la sagesse austere
Vainement fait parler des droits
  Que le desir fait taire.
Le cœur est fait pour le plaisir,
  Il est jeune à tout âge :
Interdisez-lui le desir,
  Quel sera son usage ?

Espoir de succès & d'honneurs,
  Séduisante manie,
Phosphores brillans & trompeurs,
  Laissez en paix ma vie :

H iij

Contre vous je combats en vain,
  Quand la gloire vous guide :
Mais plus l'esprit se trouve plein,
  Et plus le cœur est vuide.

Froid & redoutable poison
  D'un cœur tendre & sensible,
Tyran, qu'on appelle raison,
  Que ton joug est pénible !
Lorsque sous la loi des desirs
  Je bénissois mes chaînes,
Je ne comptois que mes plaisirs :
  Tu calcules mes peines.

DE LA PLACE.

LA MORALE DE L'AMOUR.

AIR : *Pierrot sur le bord d'un ruisseau.*

Nº. 56.

NE point s'engager sur le champ,
Aimer quelqu'un qui puisse être estimable,
  Chercher dans un tendre penchant
  Un objet moins beau que touchant :
  Pour le charmer se rendre aimable,
Le lui prouver sans trop d'empressement,
Et voilà comme, & voilà justement
Comme il faut que l'on soit en aimant.

De tout caprice hors de ſaiſon ,
De vains ſoupçons & de toute humeur noire,
Eviter le fatal poiſon
Pour le cœur & pour la raiſon :
N'être jaloux que de la gloire
D'aimer le mieux & le plus ardemment ,
Et voilà comme , &c.

Vouloir que ſur tous nos plaiſirs
Ce ſoit la ſageſſe qui nous éclaire ,
Deviner juſques aux deſirs
Du tendre objet de nos ſoupirs :
Borner ſon triomphe à lui plaire ,
Et ſon bonheur à l'aimer conſtamment ,
Et voilà comme , &c.

Être vif & reſpectueux
Auprès de la beauté qui nous engage ;
Être ſage & voluptueux ,
Plaire ſans être faſtueux ,
Faire parler dans ſon langage
Beaucoup moins l'eſprit que le ſentiment ,
Et voilà comme , &c.

Comme le délicat buveur
Sait ménager une liqueur charmante ,
Pour mieux goûter chaque faveur ,
Économiſer ſon ardeur.
Sur les foibleſſes d'une amante ;
Fermer les yeux , même en la ſoumettant ,
Et voilà comme , &c.

Varier ſes amuſemens ,
Et des neuf ſœurs ſavoir ſuivre les traces ;
Marquer , orner tous ces momens
Par quelques nouveaux agrémens :
Faire des talens & des graces
Et des amours l'heureux aſſortiment ;
Et voilà comme , & voilà juſtement
Comme il faut que l'on ſoit en aimant.

LEÇON

D'UNE MERE A SA FILLE.

Air du menuet d'Exaudet. N°. 26.

Cᴇᴛ étang ,
Qui s'étend
Dans la pleine ,
Répete au ſein de ſes eaux
Ces verdoyans ormeaux ,
Où le pampre s'enchaîne :
Un ciel pur ,
Un azur
Sans nuages ,
Vivement s'y réfléchit ,
Le tableau s'enrichit
D'images.

Mais tandis que l'on admire
Cette onde où le ciel ſe mire ,

Un zéphir
Vient ternir
La furface
De la glace ;
D'un fouffle il confond les traits,
Détruit tous les effets ,
L'éclat de tant d'objets
S'efface.

Un defir ,
Un foupir ,
O ma fille !
Peut ainfi troubler un cœur ,
Où fe peint la candeur ,
Où la fageffe brille :
Le repos
Sur ces eaux
Peut renaître :
Mais il fe perd fans retour
Dans un cœur dont l'amour
Eft maître.

Farant.

LES SOUHAITS.

AIR : *Quoi ! vous partez sans que rien vous arrête ?* N°. 57.

POINT ne voudrois, pour bien passer la vie,
Des riches dons du rivage indien ;
Point ne voudrois des parfums d'Arabie,
Ni des trésors du peuple Lybien.
Il ne me faut que l'amour de ma mie,
Pour moi son cœur est le souverain bien.

D'être un héros point ne me glorifie ;
Pour guerroyer je suis trop citoyen.
Que le François dispute l'Acadie ;
Que le Hongrois batte le Prussien ;
Il ne me faut que le cœur de ma mie ;
Voilà mon trône, & le reste n'est rien.

De Phydias j'ignore la magie ;
De son ciseau je me passe très-bien :
L'art de Rubens ne me fait nulle envie ;
Point ne voudrois surpasser Titien.
Il ne me faut qu'un portrait de ma mie ;
Quand je le vois, je ne desire rien.

De l'art des vers je n'ai point la manie ;
Je connois peu le mont Aonien ;
Mais de rimer, s'il me prend la folie,

Point ne prîrai le dieu Pégafien.
Si ne me faut que le nom de ma mie :
Pour ce nom feul je rime & chante bien.

Je ne veux point de la philofophie ,
Elle eft trop froide & ne conduit à rien :
Je ne veux point favoir l'aftrologie ,
Ni difputer du vuide aérien.
Il ne me faut qu'un coup d'œil de ma mie ;
Voilà mon aftre , il me conduira bien.

Qu'ai-je befoin de favoir la chymie ?
Tous fes fecrets font un foible moyen :
Qu'un médecin vante la pharmacie ,
Et rende hommage au docteur Gallien :
Il ne me faut qu'un baifer de ma mie ,
Mon cœur renaît , & je me porte bien.

Si par hafard quelqu'autre fantaifie
Troubloit mes fens : Amour , fois mon foutien.
Si par toi feul il faut que je l'oublie ,
Cache l'erreur , car mon crime eft le tien.
Il ne me faut qu'un foupir de ma mie...
Je quitte tout , & reprends mon vrai bien.

Souvent j'ai pris un peu de jaloufie :
Quand on eft tendre , on eft pyrrhonien :
Dans les tranfports de cette frénéfie ,
Tout m'affectoit , difcours , geftes, maintien.
Il ne me faut qu'un fouris de ma mie,
Mon cœur s'appaife , & je ne crains plus rien.

Si quelque crainte alarme mon génie ,
C'eſt l'abandon d'un cœur comme le ſien.
Tous les deſirs de mon ame attendrie ,
Sont d'inſpirer un feu ſemblable au mien.
Il ne me faut que conſerver ma mie ,
Plaire toujours c'eſt le nœud gordien.

PARODIE

DE LA CHANSON PRÉCÉDENTE.

Sur le même air.

Tous mes ſouhaits , & ma plus forte envie ,
Auroient été d'être un nouveau Créſus :
Des riches dons d'Amérique,& d'Aſie ,
J'aurois tâché d'amaſſer tant & plus ,
Non pas pour moi , c'eût été pour ma mie,
Sans elle , hélas ! les aurois-je voulus ?

D'être un héros , j'aurois eu la manie :
Mars m'auroit vu ſuivre ſes étendards.
L'antique amour , l'amour de la patrie,
Ne m'eût point fait affronter les haſards :
L'eſpoir d'offrir mes lauriers à ma mie ,
Seul m'eût frayé la route des Céſars.

D'être un Apelle il m'auroit pris envie ,
Mais ſans daigner travailler pour les rois.
Si de Rubens imitant la magie ,

La toile eût pu s'animer fous mes doigts ,
Quel beau portrait j'aurois fait de ma mie !
Je l'aurois peinte ainfi que je la vois.

Eternifer une flamme chérie ,
Auroit été de mes vœux le premier :
Le tendre Amour , feul guide de ma vie ,
Aux doctes fœurs m'eût fait facrifier :
J'aurois été le chantre de ma mie ,
J'eus mis ma gloire à la déifier.

En me livrant tout à l'aftronomie ,
J'aurois fuivi ma tendre paffion :
Un nouvel aftre , au gré de mon envie ,
Eût de nos jours paru fur l'horifon :
Au firmament j'aurois placé ma mie ,
Elle eût été ma conftellation.

J'aurois banni la fombre jaloufie :
L'amour fincere en écarte l'horreur :
Trop délicat pour cette frénéfie ,
D'un feu plus pur j'aurois fait mon bonheur:
Car , en l'aimant , j'euffe eftimé ma mie.
Sans mon eftime auroit-elle eu mon cœur ?

Jamais , jamais nulle autre fantaifie
N'auroit féduit mon efprit alarmé.
Tous les regards d'Iris & de Sylvie
Auroient contr'eux trouvé mon cœur armé.
Jufqu'au tombeau j'euffe adoré ma mie ,
Et Vénus même en vain m'auroit aimé.

MADAME E. D. B,

I

CONSEILS.

AIR. N°. 58.

UN tendre amant veut-il dire qu'il aime?
De ses yeux seuls qu'il emprunte la voix.
S'il est sincere, ils parleront de même,
Tout à-la-fois décélera son choix.

Loin le fatras de la triste éloquence:
Pour nous toucher c'est un foible moyen:
Le cœur abjure une vaine science,
Et quand il parle, il parle toujours bien.

Vous, dont le cœur est facile à séduire,
Craignez l'amour quand il a trop d'esprit:
Quand un amant pense à ce qu'il veut dire?
Bien rarement il pense ce qu'il dit.

L'AVANTAGE DU SECRET.

AIR : *De tous les Capucins du monde.*

N°. 59.

BEAU sexe, ou tant de grace abonde,
Vous charmez la moitié du monde :
Aimez, mais d'un amour couvert,
Qui ne soit jamais sans myſtere.
Ce n'eſt pas l'amour qui vous perd,
C'eſt la maniere de le faire.

BUSSI-RABUTIN.

LE BAISER.

AIR : *Quand vous entendrez le doux
zéphir.* N°. 7.

BAISER charmant, ſignal des plaiſirs,
Du tendre amour flatteuſes prémices ;
Quel doux eſpoir luit à mes deſirs
Sous tes heureux auſpices !

Quels feux naiſſans !
Quels tranſports preſſans !
La pudeur farouche,

I ij

    Cede & consent.
    L'ame est sur la bouche,
    Par elle on se touche,
    Par elle on se rend.
Baiser charmant, &c.

    Fleurs vous naissez,
    Vous embellisez :
    Mais le jour expire,
    Vous languissez :
    Le tendre Zéphire
    Vous baise, soupire,
    Et vous renaissez.
Baiser charmant, &c.

MARMONTEL.

LE PORTRAIT D'ISMENE.

AIR. Nº. 60.

Amour, commence le tableau ;
Qu'il sera beau, s'il est fidele !
Voilà les couleurs, le pinceau ;
Dessine, amour, sois mon Apelle.

L'ouvrage est digne de ta main :
Il s'agit du portrait d'Ismene.
Sur l'albâtre d'un front serein,
Trace deux jolis arcs d'ébene.

Peins fous leur voûte un œil charmant,
Cet œil trop rigoureux peut-être,
Qui tour-à-tour fier & touchant,
Défend le defir qu'il fait naître.

Peins, fur ces levres de corail,
Les fleurs nouvellement éclofes :
De fes dents, pour rendre l'émail,
Peins des perles parmi des rofes.

Avec art fufpends fes cheveux,
Et treffe-les en diadême…
Laiffe-les flotter, fi tu veux;
Ce défordre lui fied de même.

Exprime le charme fecret
De fon doux & tendre fourire :
Peins ce qu'il dit, ce qu'il promet :
Moi, je peindrai ce qu'il infpire.

D O R A Y.

A GLYCERE.

AIR : *Vous qui du vulgaire stupide.*

Nº. 8.

Aime-moi bien , ô ma Glycere !
Aime-moi , je veux t'adorer :
Puisse le feu le plus sincere ,
Sur ta vertu te rassurer !
Crains peu la priere importune ,
Qui naît d'un coupable desir :
Ce n'est qu'une beauté commune
Qui donne le goût du plaisir.

Une amante sage & fidelle
Que guide le pur sentiment ,
Sait , par une route plus belle ,
A jamais fixer un amant :
On la voit , par un seul sourire ,
Payer le prix de son ardeur :
L'amant délicat qui soupire ,
N'exige que le don du cœur.

Une faveur , une caresse ,
Sont les récompenses du tems :
Ces délices de la tendresse
N'appartiennent qu'aux cœurs constans.

Un baiser qu'offre une Bacchante,
Fait fuir la modeste pudeur :
Celui qu'on prend à son amante,
Devient le sceau du vrai bonheur.

A UNE JEUNE DEMOISELLE.

AIR. N°. 41 *ou* 37.

Semblable à la rose naissante,
Espoir heureux de nos jardins,
De vos jours l'aurore brillante
Annonce des appas divins.

Déja vous êtes desirée :
Tout par vous paroît s'embellir :
Au bal, de vos graces parée,
Vous soufflez l'attrait du plaisir.

En vous voyant, le cœur s'agite
Entre l'espoir & les regrets :
On voudroit vous voir plus petite,
Ou plus grande pour vos attraits.

Votre cœur qui sommeille encore,
Déja réveille tous les cœurs,
Et du sentiment qu'il ignore,
Inspire les douces erreurs.

Ces chants sont pour vous un mystere,
Que vous ne sauriez pénétrer :

Vous touchez au moment de plaire,
Connoîtrez-vous celui d'aimer ?

ST. MAIME.

A É G L É.

AIR. Nº. 61.

Tes yeux promettent le bonheur,
Confirme leur langage :
Va, le plaisir vaut bien l'honneur
D'être fiere & sauvage :
Quand l'amant n'est point trompeur,
Son triomphe est un hommage.

Sous l'aîle du tendre zéphyr
Vois cette rose éclore ;
Vois son incarnat s'embellir
Des baisers de l'aurore.
Jeune Églé, c'est le plaisir
Qui l'anime & la colore.

Combien de fois ai-je chanté
L'objet de mes alarmes ?
Mais célebre-t-on la beauté
En répandant des larmes ?
Ce n'est que la volupté
Qui pourroit peindre tes charmes.

Amour , prends foin de mon deftin ;
Rends Eglé moins cruelle ;
Laiffe-moi mourir fur fon fein ,
Et renaître pour elle :
C'eft là que je veux enfin
M'écrier : Dieux ! qu'elle eft belle !

D O R A T.

L'ÉGALITÉ EN AMOUR.

AIR : *Du Prévôt des Marchands.* N°. 5.

L'AMOUR égale fous fa loi
La bergere ainfi que lé roi :
Sitôt qu'il en fait fa maîtreffe,
Sitôt qu'elle a pu l'engager,
La bergere devient princeffe ,
Et le prince devient berger.

LA DORMEUSE.

AIR : *Réveillez-vous belle endormie.* N°. 62.

Réveillez-vous, belle dormeuſe,
Si ce baiſer vous fait plaiſir :
Mais ſi vous êtes ſcrupuleuſe,
Dormez, ou feignez de dormir.

Craignez que je ne vous éveille :
Favoriſez ma trahiſon.
Vous ſoupirez !.. Votre cœur veille ;
Laiſſez dormir votre raiſon.

Souvent quand la raiſon ſommeille,
On aime ſans y conſentir :
Pouvu qu'amour ne nous réveille
Qu'autant qu'il faut pour le ſentir.

Si je vous apparois en ſonge,
Jouiſſez d'une douce erreur :
Goûtez les plaiſirs du menſonge,
Si la vérité vous fait peur.

DUFRESNY.

L'AVARICIEUSE.

Même air que le précédent. N°. 62.

Philis, plus avare que tendre,
Ne gagnant rien à refuser,
Un jour exigea de Sylvandre
Trente moutons pour un baiser.

Le lendemain nouvelle affaire,
Pour le berger le troc fût bon :
Il exigea de la bergere
Trente baisers pour un mouton.

Le lendemain, Philis plus tendre,
Craignant de moins plaire au berger,
Fut trop heureuse de lui rendre
Tous les moutons pour un baiser.

Le lendemain, Philis peu sage,
Auroit donné moutons & chien,
Pour un baiser que le volage
A Lisette donna pour rien.

PAR LE MÊME.

MÉPRISE DE L'AMOUR.

AIR : *Des Pèlerins de Saint Jacques.*

Nº. 63.

UN jour l'Amour, quittant fa mere,
Fut bien furpris :
Il dit, en voyant ma bergere,
Je vois Cypris :
Mais comment donc fe peut-il faire
Qu'elle foit là ?
J'ai laiffé Vénus à Cythere,
Et la voilà !

Je ne la vis jamais plus belle
Que je la vois.
Mais que diable ici cherche-t-elle
En tapinois?
Il s'approche : il voit qu'on l'évite.
Hélas ! pourquoi,
Pourquoi, dit-il, prendre la fuite ?
Maman, c'eft moi.

L'Amour reconnut fa méprife,
Il en fourit :
Et revenu de fa furprife
S'en applaudit.

Ce que ce dieu fit à la belle
    Nous eft caché :
Mais depuis il cherche querelle
    A fa Pfyché.

SUR LE MÊME SUJET.

AIR : *Tout roule aujourd'hui dans le monde.*

N°. 64.

L'AUTRE jour l'enfant de Cythere,
Sous une treille à demi-gris,
Difoit, en parlant à fa mere :
Je bois à toi , ma chere Iris.
Vénus le regarde en colere....
Calmez , maman , votre courroux,
Si je vous prends pour ma bergere,
J'ai pris cent fois Iris pour vous.
                 BAINVILLE.

L'ARITHMÉTIQUE.

Air : *Nous fommes précepteurs d'amour.*

Nº. 23.

Lisa, par fantaifie, un jour
Voulut favoir l'arithmétique :
Rien n'est étrange à l'Amour :
De favoir tout l'Amour fe pique.

Il lui donna donc des leçons :
Life, dans peu, fut très-habile :
C'étoit pour elle des chanfons :
L'Amour fait rendre tout facile.

Voici comment il s'y prenoit :
Il donnoit trois baifers à Life,
Que Life auffi-tôt lui rendoit,
En évitant toute méprife.

De ces baifers donnés & pris
Chacun tenoit compte fidele :
L'Amour, des calculs réunis,
Offroit le total à la belle.

S'applaudiffant de ces progrès,
A fon éleve, notre efpiegle,
Méditant de nouveaux fuccès,
Démontra la feconde regle.

Il y passa légérement :
L'amour n'aime point à souftraire.
La troifieme, plus amplement,
Fut expliquée à l'écoliere.

Il voulut tant multiplier ! . . .
Le calcul devint inutile ;
De lui donner tout fans compter
La belle trouva plus facile.

MARÉCHAL.

LE DIXIEME.

Air de Joconde. N°. 65.

LE jeune Tircis, l'autre jour,
  Par neuf baifers de fuite,
Venoit de prouver fon amour
  A la jeune Hyppolite :
Elle qui goûtoit les appas
  De ce plaifir suprême,
Lui dit : Berger, ne fais-tu pas
  Qu'on paie le dixieme ?

LES CAPRICES.

AIR. N°. 66.

Mon deſtin, auprès de Climene,
Varie à chaque inſtant du jour.
Un caprice inſpire ſa haine,
Un autre lui rend ſon amour.

Elle m'a dit : Lindor, je t'aime ;
Ton cœur a mérité ma foi :
Elle m'a dit, à l'inſtant même,
Lindor ? je me moquois de toi.

Au moment où ſa voix m'appelle,
Climene ſonge à m'éviter :
Je ne vais chercher auprès d'elle
Que le regret de la quitter.

Elle eſt triſte dans mon abſence,
Et méprise alors mes rivaux :
Elle les vante en ma préſence,
Et leur parle de mes défauts.

Mes tourmens pour elle ont des charmes,
Elle cherche à les irriter ;
Et je la vois verſer des larmes,
Lorſque je viens les lui conter.

Je lui portois les fleurs qu'elle aime ,
Elle les prit avec dédain :
Elle me donne , le foir même ,
La rofe qui paroît fon fein.

Un jour Climene , moins cruelle ,
Avoit pris foin de me calmer ;
Et je m'enivrois , auprès d'elle ,
Du bonheur de plaire & d'aimer.

Dans la plus profonde triftesse
Je la vis bientôt fe plonger ;
Je l'offenfois par mon ivreffe ,
Mes plaifirs fembloient l'affliger.

Elle eft fimple , fans artifice ;
Nul amant n'a tenté fa foi :
Et fidele dans fes caprices ,
Elle n'aime & ne hair que moi.

Beauté fi douce & fi terrible ,
Souvent aimé , jamais heureux :
Que tu fois cruelle ou fenfible ,
Je n'en fuis pas moins amoureux.

Par tes rigueurs , ou ton abfence ,
Ceffe de déchirer mon cœur ;
Je t'aimerois fans inconftance ,
Quand tu m'aimerois fans humeur.

DE SAINT-LAMBERT.

K iij

L'AMANT DÉSABUSÉ.

AIR. N°. 67.

GRACE à tant de tromperies,
Grace à tes coquetteries,
Dircé, je respire enfin.   *Bis.*
Mon cœur, libre de sa chaîne,
Ne déguise plus sa peine,
Ce n'est plus un songe vain.   *Bis.*

Toute ma flamme est éteinte :
Sous une colere feinte
L'amour ne se cache plus.
Qu'on te nomme en ton absence,
Qu'on t'adore en ma présence,
Mes sens n'en sont point émus.

En paix, sans toi, je sommeille :
Tu n'es plus, quand je m'éveille,
Le premier de mes desirs.
Rien de ta part ne m'agite :
Je t'aborde, & je te quitte
Sans regrets & sans plaisirs.

Le souvenir de tes charmes,
Le souvenir de mes larmes
Ne fait nul effet sur moi.
Juge enfin comme je t'aime,

Avec mon rival lui-même ,
Je pourrois parler de toi.

Sois cruelle , ſois humaine ,
Ta fierté n'eſt pas moins vaine
Que le ſeroit ta douceur.
Sans être ému je t'écoute ,
Et tes yeux n'ont plus de route
Pour pénétrer dans mon cœur.

D'un mépris, d'une careſſe
Mes plaiſirs ni ma triſteſſe
Ne reçoivent plus la loi.
Sans toi j'aime les bocages ,
Et bien des déſerts ſauvages
Me déplairoient avec toi.

Tu me parois encor belle :
Mais , Dircé , tu n'es plus celle
Dont mes ſens ſont enchantés.
Je vois, devenu plus ſage ,
Des défauts ſur ton viſage ,
Qui me ſembloient des beautés.

Lorſque je briſai ma chaîne ,
Dieu ! que j'éprouvai de peine !
Hélas ! je crus d'en mourir.
Mais quand on a du courage ,
Pour ſe tirer d'eſclavage
Que ne peut-on point ſouffrir ?

Ainſi , du piége perfide ,
Cet oiſeau jeune & timide ,

Avec effort échappé ,
Au prix des plumes qu'il laiffe ,
Prend des leçons de fageffe ,
Pour n'être plus attrapé.

Tu crois que mon cœur t'adore
Parce que je parle encore
Des foupirs que j'ai pouffés.
Mais tel au port qu'il defire ,
Le nocher aime à redire
Les périls qu'il a paffés.

Le guerrier , couvert de gloire ,
Se plaît , après la victoire ,
A raconter fes exploits :
Et l'efclave , exempt de peine ,
Montre avec plaifir la chaîne
Qu'il a traînée autrefois.

Je m'exprime fans contrainte ,
Je ne parle point par feinte ,
Pour que tu m'ajoutes foi :
Et quoi que tu puiffes dire ,
Je ne daigne pas m'inftruire
Comment tu parles de moi.

Tes appas , beauté trop vaine ,
Ne te rendront pas , fans peine ,
Un auffi fidele amant.
Ma perte eft moins dangereufe ;
Je fais qu'une autre trompeufe
Se trouve plus aifément.

J. J. ROUSSEAU.

A UNE BELLE INSENSIBLE.

AIR. N°. 68.

Vos yeux du tendre amour nous commandent
l'ivreffe :
Du regard le plus doux il a fu les armer :
   Certe Circé, qui favoit tout charmer,
Mérita moins que vous le nom d'enchantereffe.
      Mais, mais
Vous qui faites aimer, n'aimerez-vous jamais ?

Tout vous rit, tout vous fied, une rofe vous pate;
L'air refpiré par vous, j'aime à le refpirer :
   Les bois charmans où je vous vois errer,
Sont ceux que je choifis, font ceux où je m'égare.
      Mais, mais, &c.

J'aime à voir vos cheveux, & leur flottante ébene,
Errer à l'aventure, où couvrir votre fein;
   J'aime la gaze & ce voile incertain
Que font voler les vents au gré de leur haleine.
      Mais, mais, &c.

Il n'eft point de beauté, foit nymphe, foit bergere,
Qui ne vous enviât de fi charmans attraits :
   Hébé plait moins aux céleftes banquets,
Son fourire eft moins doux, fa taille eft moins
   legere.
      Mais, mais
Vous qui faites aimer, n'aimerez-vous jamais ?

LES VAINS SERMENS.

AIR. N°. 69.

JE l'adorois, cette jeune Zélie.
Aimant si bien, j'avois su l'enflammer :
Elle a changé, je sens que je l'oublie.
Amour, Amour, je ne veux plus aimer.

Ah ! j'étois né pour brûler de sa flamme,
Et ce penchant ne sert qu'à m'alarmer,
Ne m'offre rien qui séduise mon ame,
J'aimerois trop : je ne veux plus aimer.

Foible mortel ! quelle crainte importune !
Me dit ce dieu : vois, pour te mieux charmer,
J'ai rassemblé les trois Grâces en une.
N'importe, Amour, je ne veux plus aimer.

Thémire alors à mes yeux se présente,
Telle qu'Amour prit soin de la former :
Je m'écriai : Sans doute elle est charmante :
Mais, c'en est fait, je ne veux plus aimer.

Oui, du printems c'est l'image embellie :
C'est, je le vois, mais comment l'exprimer ?
Flore, Vénus, Minerve & la Folie.
Heureusement je ne veux plus aimer.

De l'univers je la verrois suivie :
A ses rivaux peut-on s'accoutumer ?

A l'admirer je pafferai ma vie :
C'eft bien affez , je ne veux plus aimer.

Oui, dit l'Amour, viens, fuis toujours Thémire,
Sur le péril je faurai te calmer :
A chaque inftant j'aurai foin de te dire :
Daphnis , au moins il ne faut pas aimer.

Par quels confeils me laiffois-je féduire ?
Contre fes droits l'Amour peut-il s'armer ?
L'enfant malin ! je le voyois fourire ,
Quand je difois , je ne veux plus aimer.

Depuis ce jour , fans vouloir m'en défendre ,
De tous fes feux je me fens confumer.
Belle Thémire ! ai-je pu m'y méprendre ?
Vous avoir vue , hélas ! c'eft vous aimer.

D e M O N C R I F.

LE BAISER DE CLORIS.

AIR : *Nous fommes précepteurs d'amour.*

N°. 23.

QUE ne fuis-je encor un enfant !
Je n'avois troupeau , ni houlette :
Je n'allois aux champs feulement
Que pour cueillir la violette.

Je vis Cloris : bientôt j'aimai :
Dieux ! que mon ame fut ravie !
Le premier vœu que je formai,
Fut de l'aimer toute ma vie.

Apprenez-moi , lui dis-je un jour,
Un ſecret que mon cœur ignore :
N'eſt-ce point ce qu'on nomme amour ,
Un feu qui brûle & qui dévore ?

Bel enfant ! me répond Cloris ,
Me baiſant avec un air tendre ,
Sans le ſavoir , tu m'as appris
Ce que de moi tu veux apprendre.

En grandiſſant , je perds ſon cœur ;
Elle l'a repris , l'infidelle !
Mais ſon baiſer & mon ardeur
Me reſteront en dépit d'elle.

LES FANTAISIES D'ASPASIE.

AIR.   N°. 70.

ELLE m'aima , cette belle Aſpaſie
Et bien en moi trouva tendre retour.
Elle m'aima , ce fut ſa fantaiſie :
Mais celle-là ne lui dura qu'un jour.

Le jour d'après , cette belle Aſpaſie
Entend Mirtil chanter l'hymne d'Amour.

Elle

Elle l'aima : ce fut fa fantaifie,
Et celle-là ne lui dura qu'un jour.

Toujours aimant, cette belle Afpafie
A pris, quitté nos bergers tour-à-tour.
Ils font fâchés : moi, je la remercie.
Las ! elle fait paffer un fi beau jour.

Pour ramener cette belle Afpafie,
C'eft grand abus de montrer du courroux ;
Si réclamez fa douce fantaifie,
Elle dira : Que ne l'infpirez-vous ?

J'ai vu depuis cette belle Afpafie :
La couronnant de rofes, je lui dis :
Quand reviendra ta douce fantaifie ?
Car ce jour-là, c'eft le feul où je vis.

Lors j'apperçus cette belle Afpafie. . .
Qu'un doux fouris coloroit fes attraits ?
Elle reptit fa douce fantaifie,
Et me donna même le jour d'après

Amans quittés d'une belle Afpafie,
Ayez près d'elle un modefte maintien :
Ne prétendez gêner fa fantaifie.
Qui plaît eft roi, qui ne plaît plus n'eft rien.

DE MONCRIF.

TENDRES REPROCHES.

AIR. Nº. 71.

Non, non, Doris, ne penfe pas
Retrouver encor dans mon ame
Ni fouvenir de tes appas,
Ni d'étincelle de ma flamme.
Sois infidelle, j'y confens :
Va, ne crains point que j'en gémiffe.
Tu me venge en changeant d'amant ;
De mes rivaux c'eft le fupplice.

Ce n'eft pas le befoin d'aimer
Qui fait que l'on change fans ceffe ;
Et le cœur qui fait s'enflammer,
N'a qu'un objet de fa tendreffe.
Un cœur peut-il aimer deux fois ?
L'Amour ne fait qu'une bleffure :
S'il a deux traits dans fon carquois,
C'eft une erreur de la nature.

Doris, ne va pas t'alarmer ;
Va, ne crains pas que je t'accufe :
C'eft ton cœur que je veux former
Contre ton efprit qui t'abufe.
De ton cœur formé pour l'amour,
Si l'inconftance eft le partage,
Il eft l'image d'un beau jour,
Que vient d'obfcurcir un nuage.

J'oublie enfin que je t'aimai,
Qu'autrefois tu fus ma maîtresse,
Que le premier je te formai
Aux doux transports de la tendresse.
Mais si tu voulois revenir
Me consoler par ta présence,
Je suis prêt à m'en souvenir,
Et j'oublîrai ton inconstance.

ADIEUX A GLYCERE.

AIR. Nº. 69.

Oui, dès long-tems j'ai percé le myftere,
Que dans ton cœur tu croyois renfermer ;
Toujours, toujours tu préféras, Glycere,
L'orgueil de plaire à la douceur d'aimer.

Toujours auffi ma vengeance fut prête
Et nous marchions tous deux à pas comptés,
Quand tes beaux yeux faifoient une conquête,
Je te faifois une infidélité.

Si je voyois, à ta fauffe tendreffe,
Que, fans amour, tu voulois m'enflammer,
Tout fut payé : car tu voulois fans ceffe
Plaire par-tout, & moi par-tout aimer.

Adieu, Glycere. Ah ! fi tu me regrettes,
Tu vas changer en plaifirs mes tourmens;

C'eſt tout exprès pour punir les conquêtes :
Qu'Amour a fait les volages amans.

IMBERT.

LA VAINE RÉSOLUTION.

Même air que le précédent.

Oui, c'en eſt fait, je vais rompre mes chaînes ;
Adieu, Zélis, amour, graces, beauté ;
Tous vos plaiſirs, qui ſont auſſi des peines,
Ne valent pas ma douce liberté.

Viens, dit Bacchus : mon remede eſt ſuprême :
Bois & guéris : c'eſt l'affaire d'un jour. ——
Mais plus je bois, plus je ſens que je l'aime :
Bacchus, hélas ! s'entend avec l'Amour.

Lors Apollon : Tiens, dit-il, prends ma lyre :
Vénus, Hébé vont ſourire à tes vers. ——
Zélis ſuffit ; fais qu'elle aime à les lire ;
Seule à mes yeux Zélis eſt l'univers.

Et moi, dit Mars, couvre-toi de mes armes ;
Je te rendrai le plus grand des guerriers. ——
La ſimple fleur, dont elle orne ſes charmes,
A plus d'attraits pour moi que tes lauriers.

Puiſqu'aucun d'eux n'a pu rompre tes chaînes,
Me dit l'amour, reprends ta liberté. ——
Arrête, hélas ! je préfere mes peines ;
Mon tourment même eſt une volupté

MASSON DE MORVILLIERS.

LA FAUVETTE,

OU

LE PLAISIR DU CHANGEMENT.

AIR. N°. 73.

Cœurs fenfibles, cœurs fideles,
Qui blâmez l'amour léger,
Ceffez vos plaintes cruelles :
Eft-ce un crime de changer ?
Si l'Amour porte des aîles,
N'eft-ce pas pour voltiger ?

Le papillon, de la rofe
Reçoit le premier foupir ;
Le foir, un peu plus éclofe,
Elle écoute le Zéphyr.
Jouir de la même chofe,
C'eft enfin ne plus jouir.

Apprenez de ma Fauvette
Qu'on fe doit au changement;
Par ennui d'être feulette,
Elle eut moineau pour amant.
C'eft fûrement être adroite,
Et fe pourvoir joliment.

Mais Moineau fera-t-il fage ?
Voilà Fauvette en fouci.

S'il changeoit... dieux ! quel dommage !
Mais Moineaux aiment ainſi.
Puiſqu'Hercule fut volage ,
Moineaux peuvent l'être auſſi.

Vous croîriez que la pauvrette
En regrets ſe conſuma :
Au village une fillette ,
Auroit ces foibleſſes-là ;
Mais le même jour l'auvette
Avec Pinçon s'arrangea.

Quelqu'un blâmera peut-être
Le nouveau choix qu'elle fit ,
Un jaſeur , un petit-maître...
C'eſt pour cela qu'on le prit ,
Quand on ſe venge d'un traître ,
Peut-on faire trop de bruit ?

Le Moineau , dit-on , fit rage;
C'eſt là le train d'un amant:
Aimez bien , il ſe dégage ;
N'aimez pas , il eſt conſtant.
L'imiter , c'eſt être ſage ;
Aimons , & changeons ſouvent.

La Marq. d'Antremont.

L'AMOUR A LA MODE.

A I R : *Philis demande son portrait.*

N°. 74.

JE viens de quitter ma Cloris ,
    Pour reprendre Glycère.
Cloris en jette les hauts cris ;
    Je ne saurois qu'y faire.
On est bien en règle , je crois ,
    Lorsque , pour une belle ,
On a brûlé quatre grands mois
    D'une ardeur éternelle.

Je veux lui donner mon ami ,
    Jeune & beau comme un ange :
Glycère lui rend son mari ;
    Cloris gagne à l'échange ;
Mais rien ne peut calmer l'humeur
    De cette beauté fière ,
A qui j'ai ravi la douceur
    De rompre la première.

J'ai su la prévenir d'un jour ,
    Demain j'avois mon compte;
Car déja sur un autre amour
    Elle avoit un à compte.
Que dans trois mois mon successeur

La quitte, ou qu'on le chasse,
Peut-être aurai-je le bon cœur
De reprendre sa place.

Voilà comme on aime aujourd'hui ;
C'est la grande méthode.
Le bon ton écarte l'ennui
D'une intrigue incommode.
Le cœur, bientôt las de jouir,
Languit dans la constance ;
L'amour n'est point fait pour vieillir ;
Son bel âge est l'enfance.

DE CAILLI.

LES CHIFFRES EFFACES.

AIR : *Que ne suis-je la fougere.* N?. 12;

Sur le sable de ces rives,
Nos chiffres par toi tracés,
Par les ondes fugitives
Furent bientôt effacés :
Mais cet amoureux emblême,
Malgré sa fragilité,
Dura plus que l'amour même
Qu'il avoit représenté.

LE MARQUIS DE PEZAY.

LE BON PROCÉDÉ.

A I R : *Un jour Guillot trouva Lifette.*

Nº. 72.

Une maîtreſſe qu'on eſtime,
Veut qu'on l'abandonne ſans bruit :
Trahir l'Amour eſt un grand crime,
Même lorſque ce dieu s'enfuit.
Un éclat n'eſt pas néceſſaire   *Bis.*
Pour ſe croire bien dégagé,
Et quand on ſert en volontaire,
On n'a pas beſoin de congé.   *Bis.*

Romps le foible nœud qui nous lie ;
Nous n'avions point fait de traité ;
Tu m'avois pris par fantaiſie,
Par caprice tu m'as quitté.
De cette obligeante diſgrace,
Que tu voulus bien m'accorder,
Je viens même te rendre grace,
Bien loin de te la demander.

Comme nous l'Amour change d'âge ;
Tant qu'il eſt jeune, il eſt charmant :
Sa vigueur te plaît davantage ;
Son trépas eſt bien plus touchant.
De l'amitié brille l'aurore

Au crépuscule de l'Amour ;
Et les bons cœurs s'aiment encore ,
Quand ce dieu les fuit sans retour.

DE CHOISY.

L'HEUREUSE ERREUR.

AIR. N°. 75.

LA bonne foi fut ma chimère :
N'ai-je donc chéri qu'une erreur ?
O dieux ! laissez-moi mon bonheur :
Je ne veux point que l'on m'éclaire.
S'il faut que l'amour soit trompeur ,
Que l'amitié soit un mensonge ,
Faites encor durer le songe ,
Et laissez la nuit dans mon cœur.

Que dis-je ? hélas ! brisons les chaînes
Qui peuvent coûter des soupirs ,
Et défendons-nous des plaisirs ,
Quelquefois si voisins des peines.
Mais pourquoi veux-je me sauver
D'une erreur qui m'est aussi chère ?
Rendors-toi, rendors-toi , Glycère ;
Pour être heureuse , il faut rêver.

ÊTRE HEUREUX
OU INCONSTANT.

AIR. N°. 76.

J'AIME Rofette à la folie :
L'Amour l'a faite fi jolie !
Qui n'en feroit point amoureux ?
Qu'elle foit tendre autant que belle ,
A jamais je lui fuis fidèle ,
Et gaiment nous vivrons tous deux.
J'aime bien, mais je veux qu'on m'aime ;
Les faveurs me font aimer mieux ;
Et je n'ai point l'honneur fuprême
D'être conftant fans être heureux.

Pourquoi reprocher à Rofette
Si dieu la fit un peu coquette ?
Coquette en amour , quel bonheur !
Un inftant de coquetterie ,
Du caprice & de la folie ,
Que de volupté pour un cœur !
Mais il faut jouir quand on aime.
Coquette , alors ton art vaut mieux ;
Tu rirois , conviens-en toi-même ;
D'un cœur conftant fans être heureux.

Rofette , je fuis ton efclave ;
Et fi tout haut mon cœur te brave ,

Tout bas il palpite d'amour.
Je suis bien loin d'être infidèle ;
Mais si tu fais trop la cruelle,
Cela pourroit venir un jour.
Couronne donc l'amant qui t'aime ;
Sois coquette après, si tu veux :
Mais j'ai pour maxime suprême
D'être inconstant, ou très-heureux.

Le Marquis de Pezay.

A MADAME...

AIR. N°. 25.

LE connois-tu, ma chère Eléonore,
Ce tendre enfant qui te suit en tout lieu,
Ce foible enfant, qui le seroit encore,
Si tes regards n'en avoient fait un dieu ?

C'est par ta voix qu'il étend son empire ;
Je ne le sens qu'en voyant tes appas :
Il est dans l'air que ta bouche respire,
Et sur les fleurs qui naissent sous tes pas.

Qui te connoît connoîtra la tendresse ;
Qui voit tes yeux en boira le poison :
Tu donnerois des sens à la sagesse,
Et des desirs à la froide raison.

M. L. C. D. B.

A

A L'OREILLER DE GLYCERE.

A I R. N°. 77.

Révèle tes ſecrets au jour,
Oreiller, foulé par Glycere,
Duvet, plumage de l'Amour,
Où des colombes de ſa mere.

Ne me dis pas ce que l'on voit,
Quand ſa main, quand Zéphyre entr'ouvre
Le lit heureux qui la reçoit,
Ou l'heureux voile qui la couvre.

Ne dis pas ce que l'on reſſent
Quand ſa bouche voluptueuſe
Baiſe le tiſſu careſſant
Qui preſſe ta plume amoureuſe.

Va, quand l'Amour à tes portraits
Prêteroit ſa touche divine,
Tous les appas que tu peindrois,
Vaudroient ils ceux que je devine.

Dis-moi plutôt, dis-moi comment
Et combien de fois ta maîtreſſe
Répete ces doux noms d'amant,
Et de plaiſir & de tendreſſe.

Dis-moi plutôt combien de pleurs
Baignent le lit qui te décore,

Quand, par hafard, j'orne de fleurs
Le fein de Néris ou d'Aglaure.

L'autre jour, j'obtins un baifer.
Elle me dit : Tu vois, je t'aime !
Tu peux... Mais garde-toi d'ofer,
Et défends-moi contre moi-même.

Ivre d'amour & de defir,
Je refpectai fon innocence ;
Je n'ai perdu que le plaifir,
Et j'ai confervé l'efpérance.

Un baifer charma nos adieux :
Tu la vis bientôt, folitaire,
Attendre fur un lit oifeux
Un pavot doux & falutaire.

Tu la vis, fortuné couffin !
Hélas ! dis-moi, foupiroit-elle ?
Sentois-tu palpiter fon fein
Emprifonné fous la dentelle ?

La beauté feule entre deux draps,
Eft moins timide & plus émue ;
Son ame, ainfi que fes appas,
Entre deux draps, eft prefque nue.

Mille autres, oreiller charmant,
A tes fecrets peuvent prétendre ;
Mais, crois-moi, dans ce peuple amant,
Le plus aimable eft le plus tendre.

Hélas ! tu ne m'as jamais vu :
Puiffes-tu quelque jour m'entendre !
Peut-être mon nom t'eft connu,
Ma Glycere a pu te l'apprendre.

Oh ! quand pourrai-je, près de toi,
Dans mes bras la voir, moins farouche,
Me peindre le plus doux effroi,
Et fe raffurer fur ma bouche !

Hier, je lui ferre la main :
Son œil s'anime, elle foupire ;
Puis elle dit : Reviens demain. . .
Rougit, fe tait & fe retire.

Dieux ! en croirai-je un doux efpoir ?
Eft-ce mon bonheur qu'elle annonce ?
Cher oreiller, j'irai ce foir,
Près de toi, chercher fa réponfe.

GRONVELLE.

AU LIT DE MYRTHÉ.

AIR.   N°. 78.

O Lit charmant ! où ma Myrthé,
Dort en paix, quoique fans défenfe ;
Temple fecret de la beauté,
Va, ne crains rien de ma préfence :
Je puis trouver la volupté
Au fein même de l'innocence.

Laisse-moi poser cette fleur
Au chevet de ma bien-aimée ;
Qu'elle en respire la fraîcheur ,
Et qu'une vapeur embaumée
Prête une nouvelle douceur
A son haleine parfumée.

O sommeil ! laisse-moi jouir
Du calme heureux où tu la plonges ;
Laisse mon image s'unir
Aux tendres erreurs de ses songes ;
Et que, sans avoir à rougir ,
Elle se plaise à leurs mensonges.

Mais quel transport en ce moment
Agite son ame attendrie ?
Dieux ! pour qui ce soupir charmant ,
Qui meurt sur sa bouche fleurie !
O ma Myrthé ! c'est ton amant
Qui fait ta douce rêverie.

Que tu dois me voir amoureux
Dans ce songe qui te caresse !
Mais un songe, au gré de mes vœux ,
Te peindroit-il donc ma tendresse ,
Lorsque moi-même je ne peux
T'en exprimer toute l'ivresse ?

Si jusqu'au retour du soleil ,
Baigné de l'air qu'elle respire,
J'osois ici de son sommeil
Partager l'aimable délire !
Si je pouvois, à son réveil ,
Surprendre son premier sourire !

Mais non , de ces vœux indiscrets
Loin de moi l'ardeur égarée.
Dors , ma Myrthé , repose en paix :
Qu'en cette retraite sacrée
Tout soit pur comme tes attraits ,
Timide comme ta pensée !

S'il m'en coûte quelques soupirs
A m'arracher de ta présence ,
Je n'y perds pas tous mes plaisirs :
Sans offenser ton innocence ,
J'emporte avec moi mes desirs ,
Et les douceurs de l'espéranne.

BERQUIN

LA RÉCOMPENSE.

AIR. N°. 60.

MA Doris un jour s'égara ;
Je dis : Qu'on courre en diligence ;
A celui qui la trouvera
Je promets une récompense.

Dans les bocages d'alentour ,
Vous pourrez découvrir ses traces :
Elle est brune comme l'Amour ;
Elle est faite comme les Grâces.

M iij

A peine j'achevois ces mots,
Qu'elle-même s'eſt approchée :
Dans le plus épais des berceaux,
Par malice elle étoit cachée.

Voici, dit-elle, ta Doris,
Que je remets en ta puiſſance :
Puis elle fit un doux ſouris,
Et demanda ſa récompenſe.

LÉONARD.

L'EMBARRAS DU CHOIX.

AIR. N°. 37 ou 41.

Mon cœur eût choiſi Terpſicore :
A peine elle a quinze printems.
Mais elle eſt ſi timide encore !
Il faut attendre trop long-tems.

Ce matin l'aimable Lucile
Sembloit me faire un tendre aveu ;
Par malheur elle eſt ſi facile !
Il faudroit ſoupirer trop peu.

Liſe ſéduit, Liſe eſt toute ame :
Comment près d'elle être trompeur ?
Mais autant vaudroit une femme ?
Et le ménage me fait peur.

Églé me plaît, Églé m'enchante ;
Je suis bien avec son époux :
Pourquoi faut-il que, si touchante,
Son mari soit si peu jaloux ?

Orphise, oubliant ses années,
Va par-tout quêtant un vainqueur :
Mais je crains ces beautés fannées ;
Leurs moindres goûts sont ceux du cœur.

Chaque jour la prude Émilie
M'agace & voudroit s'attacher :
Le bel esprit est sa folie,
Et moi je crains de m'afficher.

Daphné semble en tout mon affaire ;
Un mois au moins j'aurai son cœur :
C'est toujours un beau rêve à faire
Que de croire un mois au bonheur.

MASSON DE MORVILLIERS.

LE PREMIER JOUR QU'ON AIME.

A I R : *Philis demande fon portrait.*

N°. 74.

J'AVOIS à peine dix-fept ans
Que je brûlois pour Nice.
Nice avoit vu dix-neuf printems,
Et n'étoit point novice.
J'aimois pour la premiere fois ;
Nice pour la troifieme :
Mais eft-on maître de fon choix)
Le premier jour qu'on aime.

J'étois amoureux comme cent :
Nice me parut belle.
Au récit de mon feu naiffant ,
Nice fit la cruelle.
De mépris elle fut armer
Ses yeux , fon maintien même :
En faut-il plus pour alarmer
Le premier jour qu'on aime ?

J'ofai m'écrier cependant :
Nice , daignez m'entendre.
Non , reprit-elle , en minaudant ,
Non , ceffez d'y prétendre. . .

J'en conviens, ce froid inouï
   Me mit hors de moi-même :
Sait-on que non veut dire oui
   Le premier jour qu'on aime ?

Que j'étois fou d'appréhender
   Cette aimable colere !
On s'obſtinoit à me gronder,
   Mais on ne fuyoit guère,
Nice ne gronda pas toujours :
   C'étoit un ſtratagême.
Mais connoît-on tous ces détours
   Le premier jour qu'on aime ?

Bientôt un ſouris careſſant
   Diſſipa cet orage :
Du calme qui vint renaiſſant,
   Un baiſer fut le gage :
Lui ſeul ſuffit pour m'embraſer ;
   Mon plaiſir fut extrême.
Qu'on ſent bien le prix d'un baiſer
   Le premier jour qu'on aime !

D'abord en avouant mon feu ,
   Un mot étoit un crime :
Quand je fus bien loin de l'aveu,
   Tout parut légitime…
On convaincroit, dans ces momens,
   L'innocence elle-même :
On eſt bien fort en argumens
   Le premier jour qu'on aime.

BONNIER DE LAYENS.

L'AGE POUR L'AMOUR.

AIR : *De l'oifeau qui t'a fait envie.* N°. 14.

Quinze ans!... Thémire, ô le bel âge !
Des doux plaifirs c'eft la faifon ,
De tes quinze ans fais bon ufage :
A quinze ans l'Amour fait moiffon.
Avant quinze ans une bergere
Eft du nombre encor des enfans ;
Il faut avoir quinze ans pour plaire :
On n'eft point belle avant quinze ans.

A quinze ans finit la culture;
Le bouton alors devient fleur.
C'eft à quinze ans que la nature
Parle à nos fens , nous donne un cœur.
A cinq ans , on verfe des larmes ;
A dix , font les jeux innocens ;
A douze , les tendres alarmes :
Mais pour aimer il faut quinze ans.

M A R É C H A L.

LA FEINTE RUPTURE.

AIR : *Un jour Guillot trouva Lifette.*

Nº. 72.

Enfin je renonce aux délices
Que tu promettois à mon cœur ;
Je fuis trop las de tes caprices ;
Je vais fuir ton regard vainqueur.
Adieu perfide Eléonore ,   *Bis.*
Je faurai faire un autre choix :
Dans ces lieux tu me vois encore ,
Mais c'eft pour la derniere fois.   *Bis.*

Adieu... Mais quoi tu me rappelles !
Sans rougir tu me prends le bras !...
Pourquoi nos mains s'uniffent-elles ,
Quand nos cœurs ne s'entendent pas ?
Ah ! ce cô̄sp-d'œil vient de m'inftruire ,
Tu veux aller au petit bois...
Eh bien ! foit ; je vais t'y conduire ;
Mais c'eft pour la derniere fois.

Que ta main eft douce & bien faite !
Que tes bras font éblouiffans !
Qu'à travers cette collerette
J'apperçois d'attraits raviffans !
J'aurois fait mon bonheur fuprême

De vivre toujours fous tes loix. . .
Tu vois encore combien je t'aime ;
Mais c'eft pour la derniere fois.

Grands dieux ! que ton fouris eft tendre !
Comme il appelle le baifer !
En vain je voulois me défendre ,
Je fens mon courroux s'appaifer.
Qui fourit avec tant de grace
Séduiroit les cœurs les plus froids. . .
Viens, friponne , que je t'embraffe ;
Mais c'eft pour la derniere fois.

Ainfi je croyois fuir la belle ,
Quand elle me dit tendrement :
Je ne feignis d'être infidelle
Que pour éprouver mon amant.
Pardonne-moi d'avoir pu craindre ;
Rends à mon cœur fes anciens droits ;
Le tien à fujet de fe plaindre ,
Mais c'eft pour la derniere fois.

BONNIER DE LAYENS,

LE

LE RAJEUNISSEMENT.

AIR : *Réveillez-vous, belle endormie.*

N°. 62.

L'AUTRE matin, je vis Thémire ;
La belle a neuf luſtres paſſés ;
Mais on m'honora d'un fourire,
Et voilà dix ans d'effacés.

A cet âge on eſt peu farouche,
Sur-tout quand on eſt ſans témoins :
Je cueille un baiſer ſur ſa bouche,
Et c'eſt encor dix ans de moins.

Un ſoupir alors m'encourage ;
Déja, dans mes tranſports brûlans,
Tous ſes appas ſont au pillage,
Et voilà Thémire à quinze ans.

MASSON.

ROMANCES (*).

APOLLON ET DAPHNÉ.

AIR. N°. 79.

L'AMOUR m'a fait la peinture
De Daphné, de ses malheurs :
J'en vais tracer l'aventure.
Puisse la race future
L'entendre & verser des pleurs !

Daphné fut sensible & belle ,
Apollon sensible & beau :
Sur eux l'Amour , d'un coup d'aile ,
Fit voler une étincelle
De son dangereux flambeau.

(*) La Romance nous vient des Espagnols.
Le caractere qui la distingue n'est pas seulement
la galanterie , qu'elle tient de ses inventeurs.
Selon M. de Moncrif, qui peut servir de modele
en ce genre , la Romance est une espece de
petit poëme qui se chante , & dont le sujet doit
être une action touchante, quelqu'histoire ou
tendre ou tragique ; les vers en doivent être
simples , faciles & naturels. La naïveté est le
caractere principal de la Romance.

Daphné , d'abord interdite ,
Rougit , voyant Apollon.
Il approche , elle l'évite :
Mais fuyoit-elle bien vîte ?
L'Amour assure que non.

Le Dieu qui vole à sa suite,
De sa lenteur s'applaudit.
Elle balance , elle hésite...
La pudeur hâte sa fuite ,
Le desir la rallentit.

Il la poursuit à la trace ,
Il est près de la saisir.
Elle va demander grace ;
Une nymphe est bientôt lasse,
Quand elle fuit le plaisir.

Elle desire , elle n'ose...
Son pere voit ses combats ,
Et , par sa métamorphose,
A sa défaite il s'oppose :
Daphné ne l'en prioit pas.

C'est Apollon qu'elle implore ;
Sa vue adoucit ses maux :
Et vers l'amant qu'elle adore ,
Ses bras s'étendent encore
En se changeant en rameaux.

Quel objet pour la tendresse
De ce malheureux vainqueur !

C'est un arbre qu'il caresse ;
Mais, sur l'écorce qu'il presse,
Il sent palpiter un cœur.

Ce cœur ne fut point sévere,
Et son dernier mouvement
Fut, si l'Amour est sincere,
Un reproche pour son pere,
Un regret pour son amant.

MARMONTEL.

MYSIS ET ZARA.

AIR. N°. 80.

Écoutez l'histoire
Du beau Mysis & de Zara :
Jamais leur mémoire
Chez les amans ne périra.
Venez tous m'entendre,
Vous que l'amour daigne inspirer ;
Quand on est bien tendre,
On a du plaisir à pleurer.

L'amour, dès l'enfance,
Venoit badiner avec eux ;
Il formoit leur danse,
Et présidoit à tous leurs jeux :
Mais ce badinage

Ne servoit qu'à les enflammer ;
  Au matin de l'âge
Tous deux déja savoient aimer.

  L'ardente jeunesse
Est l'âge brillant des amours ;
  La plus douce ivresse
Marqua le printems de leurs jours :
  Leur ame ravie
Se confondoit à tout moment ;
  Et toute leur vie
N'étoit plus qu'un enchantement.

  De rians mensonges
Les amusoient dans leur sommeil ;
  Toujours quelques songes
Leur faisoient craindre le réveil.
  La naissante aurore
Voyoit Zara près de Mysis :
  Et la nuit encore
Les trouvoit toujours réunis.

  Voilà cette plaine ,
Où le matin Zara chantoit ;
  Voila la fontaine ,
Où le soir Mysis l'attendoit.
  Ce bocage sombre
Vit naître leurs premiers soupirs ;
  Ce bois , sous son ombre ,
Cacha leurs innocens plaisirs.

  Qui pourroit prédire
Le changement d'un sort si beau ?

L'Amour qui soupire
Va donc éteindre son flambeau ?
Hélas ! l'hyménée
Alloit bientôt les couronner.
Heure fortunée ,
Que vous êtes lente à sonner !

C'étoit donc la veille
De ce jour , de cet heureux jour ,
Que Mysis s'éveille ;
Avec lui s'éveille l'amour.
Le ciel sans nuage
Étoit mille fois plus serein.
Amour , quel présage
Peut désormais être certain ?

Au fond d'un bocage
Zara devoit trouver Mysis :
La belle , peu sage ,
L'avoit dit au berger Tharsis :
Par une imposture ,
Il surprit ce secret fatal ;
Cet ami parjure
De Mysis étoit le rival.

Pour mieux la surprendre ,
Tharsis dans le bois se cacha.
La belle , trop tendre ,
Crut voir Mysis , & s'approcha.
Le soleil à peine
Répandoit un peu de clarté ;
Et l'ombre incertaine
Aidoit à la témérité.

C'est donc vous , dit-elle ,
Vous , mon amant dès le berceau :
   Ma flamme fidelle
M'animera jusqu'au tombeau.
   Oui , je veux t'y suivre ,
Rien ne pourra nous séparer ;
   Pour toi je veux vivre ,
   Avec toi je veux expirer.

   Bergere insensée !
Mysis t'écoute avec horreur ;
   Son ame offensée
Se livre entiere à la fureur.
   Un trait vole & frappe :
Quel cri suit ce trait inhumain !
   Dieux ! Tharsis s'échappe ,
Et Zara sent percer son sein.

   C'est toi qui me tue !
Mais je pardonne à ta fureur :
   Mon ame éperdue
T'aime jusques dans ton erreur.
   Conserve la vie ;
Hélas ! je la perds sans retour ;
   Tu me l'as ravie ,
Mais c'est la faute de l'Amour.

   D'une voix mourante ,
Zara fait ainsi ses adieux ;
   Et son ame errante
N'anime plus que ses beaux yeux.

O douleur mortelle !
Myſis ſe frappe au même inſtant ,
     Et perce auprès d'elle
Un cœur qui fut toujours conſtant.

     Un tombeau s'éleve ;
Les Grâces le couvrent de fleurs :
     L'Amour qui l'acheve ,
En partant l'arroſe de pleurs.
     Ils ſont donc enſemble ,
Ces bergers , ces amans parfaits !
     Une urne raſſemble
Leurs cœurs percés des mêmes traits.

     Bergeres fidelles ,
Témoins du ſort de ces bergers ,
     Plus vous êtes belles ,
Et plus vous courez de dangers.
     Craignez de vous rendre
Au charme d'un penchant trop doux ;
     L'amant le plus tendre
Devient bientôt le plus jaloux.

M. LE C. D. B.

ALEXIS ET ALIS.

AIR. N°. 81.

Pourquoi rompre leur mariage,
    Méchans parens ?
Ils auroient fait si bon ménage
    A tous momens !
Que sert d'avoir bague & dentelle
    Pour se parer ?
Ah ! la richesse la plus belle
    Est de s'aimer.

Quand on a commencé la vie
    Disant ainsi :
Oui, vous serez toujours ma mie,
    Vous mon ami.
Quand l'âge augmente encor l'envie
    De s'entr'unir,
Qu'avec un autre on nous marie,
    Vaut mieux mourir.

A sa mere, étant déja grande,
    La pauvre Alis
A deux genoux un jour demande
    Son Alexis :
Ma mere, il faut par complaisance
    Nous marier.
Ma fille, je veux l'alliance
    D'un conseiller.

La fille à cette barbarie
 Bien fort pleura.
Au couvent de Sainte-Marie
 On l'enferma.
Là , pendant trois ans éperdue,
 Elle a gémi ,
Sans avoir un inftant la vue
 De fon ami.

Un jour , quelle malice d'ame !
 La mere a dit :
Alexis a pris une femme
 Sans contredit.
Et puis , lui montrant une lettre ,
 Lui dit ; Voyez ;
Il vous écrit, c'eft pour permettre
 Que l'oubliez.

Alors confeiller & notaire
 Arrivent tous ,
Le curé fait fon miniftere ;
 Ils font époux.
Pour elle , hélas ! feftins & danfe
 Ne font qu'ennui ,
Toujours lui vient la fouvenance
 De fon ami.

Le foir plus grande fâcherie
 Saifit fon cœur ;
Sa mere , fa tante la crie
 Toute en fureur.
Tout comme une brebis qu'on mene

Droit au boucher,
La pauvrette en pleurant se traîne
Pour se coucher.

Vrai Dieu ! qu'Alis , honnête & sage ,
Se conduit bien !
Tous autres soins que du ménage
Ne lui font rien.
Voyant de son époux la flamme
Qu'il lui portoit ,
Elle lui donnoit de son ame
Ce qui restoit.

Hélas ! son ame toute entiere
A ses ennuis ,
Gardoit son amitié premiere
Pour Alexis.
Cinq ans , en dépit d'elle-même,
Passa ses jours
A se reprocher qu'elle l'aime ,
L'aimant toujours.

Pour chasser de sa souvenance
L'ami secret ,
On se donne tant de souffrance
Pour peu d'effet !
Une si douce fantaisie
Toujours revient ;
En songeant qu'il faut qu'on l'oublie ,
On s'en souvient.

D'Alis dans sa mélancolie
Un jour l'époux

Lui mene un marchand d'Arménie
    Pour des bijoux.
Ma moitié , fais quelques emplettes
    De son écrin ;
Perles & nœuds sont des recettes
    Pour le chagrin.

Baise-moi ; moutonne chérie ,
    Je vais au plaid ;
Tiens , prends de son orfévrerie
    Ce qui te plaît.
L'argent n'est que pour qu'on se donne
    Quelque bon tems ;
N'épargne rien : voilà , mignonne ,
    Cent écus blancs.

Il part : le marchand en silence
    L'écrin montroit ,
Qu'Alis avec indifférence
    Considéroit.
Chaque fois qu'il montre à la dame
    Perle ou saphir ,
Chaque fois du fond de son ame
    Part un soupir.

En lui toute fleur de jeunesse
    Apparoissoit ;
Mais longue barbe , air de tristesse
    La ternissoit.
Si de jeunesse on doit attendre
    Beau coloris ,
Pâleur qui marque une ame tendre
    A bien son prix.

Mais

Mais Alis soucieuse & sombre
    Rien ne voyoit :
Pourtant aux longs soupirs sans nombre
    Qu'il répétoit,
D'où lui vient, dit-elle en soi-même,
    Tant de chagrins ?
Ah ! s'il regrette ce qu'il aime,
    Que je le plains !

Las ! qu'avez-vous qui vous soucie ?
    Comme je voi ?
Si c'est d'aimer, je vous en prie,
    Dites-le-moi.
Et ! que sert de conter, Madame,
    Un déplaisir,
Qui jamais, jamais de mon ame
    Ne peut sortir.

Il est un trésor dans le monde
    Que je connois :
Long-tems en espoir je me fonde
    Que je l'aurai ;
Et plus mon amitié ravie
    Crut l'obtenir,
Tant plus j'aurois donné ma vie
    Pour le tenir.

Le voir cent fois dans la journée
    Me plaisoit tant !
Je l'emportois en ma pensée
    En le quittant.
Lorsqu'un démon, par grand rancune,

Vint l'enlever ;
Et d'un autre en fit la fortune
Pour m'en priver.

Dirai-je ma douleur profonde
Quand je l'appris ?
Pour m'en aller au bout du monde
M'en départis.
Non , que jamais en moi je pense
De l'oublier ;
Mais pour mourir de ma constance
A le pleurer.

Marchand , est-ce or en broderie
Que ce trésor, ——
Madame , hélas ! ce que j'envie
Surpasse l'or. ——
Sont-ce rubis ? —— J'aurois sans peine
Rubis perdu. ——
C'est donc le trousseau de la reine ? ——
Ah ! c'est bien plus.

Depuis qu'on vint par grand dommage ,
Me la ravir,
J'en ai tiré la chere image
De souvenir :
J'ai , la voyant , l'ame remplie
De désespoir ,
Et ne garde pourtant la vie
Que pour la voir.

Ne tardez pas , je vous en prie ,
Arménien :

Que cette image tant chérie
    Je voie enfin.
Lors , avec un soupir qu'il jette
    Plus loin encor ,
De son sein tire une tablette
    Dans un drap d'or.

Alis soudain prit la dorure ,
    La déplia ,
Sur la tablette , d'écriture
    Ces mots trouva :
« Ici je contemple à toute heure
    » Dans les soupirs ,
» Je garde tout ce qui demeure
    » De mes plaisirs. »

Alors Alis la tablette ouvre
    Tant vîtement :
Eh ! qu'est-ce donc qu'elle y découvre
    Pour son tourment ?
La voilà toute évanouie
    A cet aspect.
Qui n'eût même transe sentie ?
    C'est son portrait.

Alis , mon Alis tant aimée :
    Hélas ! c'est moi :
Alis , Alis tant regrettée ,
    Ranime toi.
Ton Alexis vient de Turquie
    Tout à l'instant ,
Pour te voir & quitter la vie
    En te quittant.

Par ces triſtes mots ranimée,
    Alis parla :
Alexis , j'ai ma foi jurée ,
    Un autre l'a :
Je ne dois vous voir de ma vie
    Un ſeul inſtant ;
Mais ne mourrez pas , je vous prie ,
    Partez pourtant.

Voulant , pour complaire à ſa mie ,
    Partir ſoudain ,
Avant que pour jamais la fuie ,
    Lui prend la main.
L'époux ſurvient. . . . A cette vue
    Tout en fureur ,
Leur a d'une dague pointue
    Percé le cœur.

Alexis mort , Alis mourante ,
    Les yeux baiſſés ,
Dit : Je péris , mais innocente ;
    Ce m'eſt aſſez :
Mon époux , votre barbarie
    Verſe mon ſang :
Je meurs , ſans regretter la vie ,
    En vous plaignant.

Depuis cet acte de ſa rage ,
    Tout effrayé ,
Dès qu'il fait nuit , il voit l'image
    De ſa moitié ,
Qui du doigt montrant la bleſſure

De son beau sein ,
Appelle , avec un long murmure ,
Son assassin.

DE MONCRIF.

LUCY ET COLIN.

AIR : *Tu croyois en aimant Colette.*

Nº. 37.

Écoutez-moi, faciles belles ,
Appreniez à fuir les trompeurs ;
Écoutez, amans infideles ,
La peine due aux suborneurs.

Lucy , des filles de Vincennes ,
Étoit la plus riche en attraits :
Jamais l'eau pure des fontaines
Ne réfléchit de plus beaux traits.

Hélas ! des peines trop cuisantes ,
Hélas ! un amoureux souci
Vint ternir les roses brillantes
Sur le tein vermeil de Lucy.

Vous avez vu souvent l'orage ,
Qui courboit les lys d'un jardin !
De ces lys elle étoit l'image ,
Et déja penchoit vers sa fin.

O iij

Par trois fois on entend la cloche
Dans le silence de la nuit ;
Par trois fois le corbeau s'approche,
Frappe aux vitres, crie & s'enfuit.

Ce cri, cette cloche cruelle…
Lucy comprit tout aisément ;
Aux filles en pleurs autour d'elle,
Elle dit ces mots en mourant :

Cheres compagnes, je vous laisse ;
Une voix semble m'appeller,
Une main que je vois sans cesse
Me fait signe de m'en aller.

L'ingrat que j'avois cru sincere,
Me fait mourir, si jeune encor :
Une plus riche a su lui plaire :
Moi qui l'aimois, voilà mon sort !

Ah, Colin ! ah ! que vas-tu faire ?
Rends-moi mon bien, rends-moi ta foi.
Et toi, que son cœur me préfere,
De ses baisers détourne toi.

Dès le matin en épousée
A l'église il te conduira ;
Mais homme faux, fille abusée,
Songez que Lucy sera-là.

Filles, portez-moi vers ma fosse ;
Que l'ingrat me rencontre alors,
Lui, dans son bel habit de nôce,
Et Lucy sous le drap des morts.

Elle expire ; on creuse sa fosse,
Et l'époux la rencontre alors,
Lui dans son bel habit de nôce,
Et Lucy sous le drap des morts.

Que devient-il ? son cœur se serre :
Un froid mortel vient le transir,
Qu'a-t-il vu ? Lucy qu'on enterre,
Et Lucy qu'il a fait mourir.

Il tombe, chacun se disperse ;
L'épouse fuit loin de ce deuil.
Colin, baigné des pleurs qu'il verse,
Reste éperdu sur le cercueil.

Vaine & tardive repentance !
Pleurant ses premieres amours,
Aux suites de son inconstance
Il ne survécut que deux jours.

Près de son amante fidelle
Les bergers l'ont porté, dit-on ;
Et Colin repose avec elle,
Couvert par le même gazon.

La tombe reçoit mille offrandes ;
Deux à deux les amans constans
S'en viennent l'orner de guirlandes,
Au retour de chaque Printems.

Vois cette pierre, amant volage,
Et crains un semblable destin ;
Avant que ton cœur se dégage,
Souviens-toi du sort de Colin.

LE MIERRE.

EDWIN ET EMMA (*).

AIR. N°. 82.

Au fond d'une heureuse vallée,
Dans l'enceinte d'un bois épais,
Une humble chaumiere isolée
Cachoit l'innocence & la paix.
Là vivoit (c'est en Angleterre)
Une mere dont le desir
Étoit de laisser sur la terre
Sa fille heureuse, & puis mourir.

Par sa beauté, par sa sagesse,
Emma faisoit, sans le savoir,
Languir les garçons de tendresse,

(*) L'événement qui fait le sujet de cette Romance est arrivé à Bowes, dans l'Yorkshire, en Angleterre. Le nom du jeune homme étoit Wrighton, & celui de la fille Railton. Ils étoient du même âge & de la même condition, mais d'une fortune inégale. Le pere de Wrighton, vieillard riche & intéressé, traita, avec le mépris le plus insultant, la belle Railton, lorsqu'il sut qu'elle avoit fixé le cœur de son fils. Ce jeune homme tomba malade & mourut huit jours après. Le dernier jour de sa maladie il obtint de revoir sa maîtresse, qui de retour chez elle, entendant la cloche qui sonnoit la mort de son amant, s'écria, *que son cœur se déchiroit*, & expira. Le registre de la paroisse porte, qu'ils sont morts d'amour, & qu'ils ont été inhumés dans la même tombe le 15 Mars 1714.

Et les filles de désespoir.
Par hasard s'offrit à la belle
Edwin, dont le simple regard,
D'une ardeur chaste & mutuelle,
Devoit toucher un cœur sans fard.

Emma ne fut point offensée
Des vœux d'un amant ingénu ;
Car il n'avoit point de pensée
Qu'il dût cacher à la vertu.
Mais un pere avare & sauvage
Refuse à l'amant écouté
Une fille sans appanage,
Qui n'a pour dot que sa beauté.

A l'autorité paternelle,
Que rien ne sauroit désarmer,
Edwin n'osoit être rebelle,
Mais ne pouvoit cesser d'aimer.
Ce pauvre amant passe, repasse,
Non chez Emma, mais tout autour,
Surprend un coup-d'œil, voit la place
Qu'elle arrosoit de pleurs d'amour.

Souvent la nuit, au clair de lune,
L'entend, près de l'humble jardin,
Lamenter leur triste infortune
Jusques à l'aube du matin.
Bientôt cet état qui l'oppresse,
Jamais se voir, toujours s'aimer,
Dans l'insomnie & la tristesse
Achève de le consumer.

Edwin, fous les yeux de fon pere,
Languit, malade au lit de mort.
Cet homme alors fe défefpere,
Et voudroit réparer fon tort.
C'eft trop tard : le ciel que j'implore,
Va, dit le fils, finir mes jours ;
Mais laiffez-moi revoir encore
Celle que j'aimerai toujours.

Emma vient ; le cœur plein d'alarmes,
Auprès du lit de fon amant,
Et voyant périr tant de charmes,
Tombe fans voix, fans mouvement.
On les fépare : Edwin fe pâme,
Cherchant de l'œil fa chere Emma,
Comme s'il vouloit rendre l'ame
Dans les bras de ce qu'il aima.

Après fa longue défaillance,
Rendue au jour, mais fans efpoir,
Emma garde un profond filence,
Et s'en retourne vers le foir.
Paffant le long d'un cimetiere,
Elle entend l'oifeau de la nuit ;
Puis, traverfant une bruyere,
Croit voir une ombre qui la fuit.

Adieu, lui dit la voix mourante
De l'ombre attachée à fes pas.
Lors elle entend, toute tremblante,
La cloche qui fonne un trépas.
Elle arrive au toit folitaire,

Frappe à la porte avec effroi :
C'en est fait, dit-elle, ô ma mere !
Et de mon amant & de moi.

A ces mots, au feuil de la porte,
Où sa mere l'appelle en vain,
Dans ses bras Emma tombe morte,
Morte d'amour pour son Edwin.
Ces amans reposent ensemble,
Morts l'un pour l'autre au même jour,
Et la tombe à jamais rassemble
Ceux que devoit unir l'Amour.

DE LAIRE.

LISE ET MAINFROI.

AIR. N°. 83.

AU tems jadis, un chevalier
Trouvant au bois gente bergere,
Lui dit : Il faut nous marier,
Sans curé, parens, ni notaire.

Quand on brûle de franche ardeur,
Quel besoin est-il d'autre chose ?
Pour gage, je t'offre mon cœur ;
Pour dot, je ne veux que ta rose.

Votre cœur n'est pas fait pour moi ;
Si ma rose fait votre envie,

Nul galant, dût-il être roi,
Ne l'obtiendra qu'avec ma vie.

Malgré ses cris, au même instant
Il ravit cette fleur chérie ;
Puis il lui dit en la quittant,
Ne craignez rien pour votre vie.

Lise, au comble de sa douleur,
De l'œil en vain suit le coupable,
Et sent d'autant mieux son malheur,
Que le vainqueur étoit aimable.

Mais fut-il vicomte ou baron,
Lise lui déclare la guerre ;
Pourvu qu'elle sache son nom,
Son rang ne l'inquiete guère.

Car sans ce nom, quel dieu pourra
Seconder les vœux qu'elle forme ?...
Un hermite, qui prioit là,
Le connoissoit, & l'en informe.

Ah, ciel ! dit-elle, j'entrevoi
Ce que ta bonté me prépare...
Edgar est juste : il est mon roi ;
Il m'entendra ; tremble, barbare !

Lise vole, arrive à la cour,
Et de voir le prince attend l'heure ;
Qui l'aidera dans ce séjour ?...
Mais Lise est belle, & Lise pleure.

Jeune,

Jeune, aimable, comme au printems
Plaît à tous les yeux la nature,
Les moins sensibles courtisans
Partagent les maux qu'elle endure.

Edgar, qui s'avance à l'instant,
Parmi la foule la remarque ;
La bergere approche en tremblant,
Et se jette aux pieds du monarque.

Sa voix s'épuise en longs sanglots,
Et la pauvre Lise troublée,
Articule à peine ces mots :
Sire, justice !... on m'a volée. ——

Quoi ? —— Ce que je gardois le mieux,
Ce que par force il a su prendre ;
Mon trésor le plus précieux,
Et qu'en vain il voudroit me rendre.

Est-ce velours, est-ce drap d'or,
Qui de tant de larmes font cause ? ——
Ah, Sire ! c'est bien plus encor ——
Que vous a-t-il donc pris ? —— Ma rose.

Si le ravisseur est garçon,
Pour époux ton roi te l'accorde :
S'il ne l'est, quel que soit son nom,
Il mourra sans miséricorde.

On l'appelle.... c'étoit Mainfroi,
Frere de la reine Mycée...
J'en suis fâché, lui dit le roi,
Mais la sentence est prononcée.

Mainfroi l'appaife vainement.
Le roi fort & les laiffe enfemble;
Terraffé par ce jugement,
Mainfroi fe tait, & Life tremble.

Par crainte & par orgueil plus doux,
Bientôt il la flatte, il s'excufe,
Il offre argent, or & bijoux;
Mais la bergere tout refufe.

Garde ton or & tes bijoux,
Mainfroi : ton erreur eft extrême :
Si du roi tu crains le courroux,
Je ne veux de toi... que toi-même.

Cruelle ! c'eft trop m'outrager :
Quoique je mérite de blâme,
La fille d'un chétif berger
Jamais ne deviendra ma femme.

De mes biens choifis les plus beaux ;
Viens, & partage ma richeffe;
Prends le premier de mes châteaux,
Et de Mainfroi fois la maîtreffe.

Non, tu dois être mon époux :
Le roi le veut, l'honneur l'ordonne.
Life, pour un tréfor fi doux,
Refuferoit une couronne.

Duffé-je dès le lendemain
Comme efclave me voir vendue;
Duffé-je périr de ta main,
Je la réclame, elle m'eft due.

A ce difcours, le fier Mainfroi
Connoît l'amour, cede à fes larmes...
Viens au temple, je fuis à toi :
Viens, Life, rends grace à tes charmes.

Déja, par les mains de l'Amour,
La jeune bergere eft parée,
Et du roi même avec fa cour,
A l'autel fe voit entourée.

C'eft à vous, dit-elle, grand roi,
Que je dois ce bonheur fuprême...
Mais quand tu veux bien être à moi,
Mainfroi... je te rends à toi-même.

Chez moi l'honneur eft fatisfait,
Qui me l'ôta fait me le rendre ;
Et chez moi l'amour gémiroit,
Si plus long-tems j'ofois l'entendre.

Tandis que je vais dans les bois
Garder les troupeaux de mon pere,
Puifles-tu du moins quelquefois,
Te fouvenir de ta bergere !

Mainfroi s'écrie avec tranfport,
Arrête... daigne être ma femme...
Si la beauté forma ton corps,
Le ciel même a formé ton ame.

Edgar lui-même, avec fa cour,
Se joint à Mainfroi, qui fupplie...
Et Life enfin cede à l'amour,
Qui fit le charme de leur vie.

LICAS ET HÉLENE.

AIR : *Alexis depuis deux ans.* N°. 84.

AU châtel de ses aïeux
Habitoit Arsene,
Qui , par accident fâcheux ,
Avoit perdu les yeux.
Auprès de lui , sa fille Hélene,
Etoit le soutien de ses jours ;
Hélene adoucissoit sa peine ,
En lui prodiguant ses secours.

Venu de loin , Lycas
Faisant long voyage ,
Vit Hélene & ses appas ;
Puis il se dit tout bas :
Quel est donc ce gentil visage ?
Rien qu'à le voir , l'aime déja :
Ah ! si je pouvois davantage ! . . .
En y pensant il s'en alla.

Il fit deux pas , puis revint
Pour revoir sa belle :
Il l'entend. . . il veut. . . il craint. . .
D'être malade il feint.
Ami , qu'avez-vous ? lui dit-elle :
Venez-vous reposer chez nous ;

Venez prendre force nouvelle ,
Afin de retourner chez vous.

    Lycas joyeux , mais tremblant ,
      Suit ses pas sans peine ;
    La pâleur d'amour lui rend
      L'air ancor plus touchant.
Il est devant le viel Arsène ,
Qui lui tend aussi-tôt la main ;
Lycas y joint celle d'Hélene ,
Toutes deux les met sur son sein.

    Ma blessure est dans mon cœur ,
      Dit Lycas au pere ;
    Hélene en est seul l'auteur ,
      Et voilà mon malheur.
Je n'ai pour bien qu'une chaumiere ,
Pour héritage des vertus ;
Si vous écoutez ma priere ,
Vous aurez un enfant de plus.

    Hélene lui répondit ,
      D'une voix émue :
    Tu vois mon pere qui languit ,
      Et rien ne le guérit :
Mais à qui lui rendroit la vue ,
Ma main est prête avec mon cœur ;
Si tu sais quelqu'herbe inconnue ,
Je me donne à son bienfaiteur.

    Lycas , dès avant le jour ,
      Sort avec mystere ,

Encouragé pas l'amour
Il vole à son séjour.
Il raconte tout à sa mere
Qui possédoit depuis long-tems
Baume secret & salutaire,
Unique dot de ses parens.

Il revient, & tout joyeux,
Du vieillard Arsene
Il exprime sur les yeux
Le baume précieux.
Le pere aussi-tôt voit Hélene,
Croit que c'est un songe qu'il fait :
Mais ce n'est pas une ombre vaine,
Sa fille est le prix du bienfait.

MARÉCHAL.

HILAS ET ELMIRE.

AIR : *N'est-il amour sous ton empire*
que des rigueurs ? N°. 85.

LE jeune Hylas, la jeune Elmire
S'aiment tous deux.
Déja l'un pour l'autre soupire
Dans l'âge heureux,
Ou le besoin de plaire inspire
De tendres feux.

De leurs parens l'ordre barbare
    Me fait frémir.
Hélas ! bien loin qu'on se prépare
    A les unir,
Voilà qu'un jour on les sépare :
    Autant mourir.

Méchans parens ! est-il possible ?
    Que ferons-nous ?
Est-ce un forfait d'être sensible ?
    Soyez plus doux.
Ah ! le crime est d'être inflexible
    Ainsi que vous.

Ainsi parloit à sa maîtresse
    Le tendre amant.
On veut détruire leur tendresse,
    Mais vainement,
Ils n'en perdront la douce ivresse
    Qu'au monument.

Elmire va prier sa mere
    A deux genoux :
Oh ! si jamais je vous fus chere,
    Point de courroux ;
Nommez celui que je préfere
    Pour mon époux.

Mais Hylas est dans l'indigence ;
    Revers fatal !
L'argent fait pencher la balance
    Pour son rival.
Mon Dieu ! que la richesse en France
    A fait de mal !

Loin de son amante fidelle
    Que fait Hylas ?
Sa chere Elmire qu'il appelle
    Ne l'entend pas.
Il jure de n'adorer qu'elle
    Jusqu'au trépas.

Mais un cruel , pour le surprendre ,
    Vient , & lui dit
Que pour un autre , Elmire est tendre ,
    Et le trahit.
Las ! un amant peut-il entendre
    Un tel récit !

Hilas s'écrie ! O trouble extrême !
    O jour d'effroi !
Mon Elmire , Elmire elle-même
    Manque de foi !
Celui qu'elle épouse & qu'elle aime ,
    Ce n'est pas moi !

Cependant la pauvre victime
    Est à l'autel.
Quel espoir , dit-elle , t'anime ,
    Tyran cruel ?
Peux-tu bien commander un crime
    Au nom du ciel ?

L'époux rempli de barbarie ,
    Lui prend la main.
Hylas , guidé par sa furie ,
    Entre soudain.
Elmire le voit & s'écrie :
    Dieux ! quel destin !

Connois, dit-il connois le zele
    D'un cœur conſtant.
Il a pris ſa dague mortelle
    Au même inſtant ;
Puis il s'en frappe au yeux de celle
    Qu'il aimoit tant.

O Dieu ! comment croire, dit-elle,
    Ce que je voi ?
Hylas, dans la nuit éternelle,
    Deſcend pour moi !
Mon cher Hylas, je ſuis fidelle
    Autant que toi !

On voulut en vain me défendre
    Ton ſouvenir.
Elmire a ſu, loin de ſe rendre,
    Te prévenir ;
Et le poiſon que j'oſai prendre
    Va nous unir.

Mais à ces mots… Ciel comment dire
    Un tel tourment ?
Ah ! plaignez la ſenſible Elmire
    Et ſon amant.
Ce couple malheureux expire,
    En s'embraſſant.

FRANÇOIS DE NEUFCHATEAU.

HÉRO ET LÉANDRE (*).

AIR. Nº. 86.

Je vais vous conter l'aventure
D'un jeune amant, né dans Sestos,
Dont la mer fut la sépulture
En navigeant vers Abydos.
Long-tems il eut le sort prospere,
Dans ce trajet si dangereux :
Las ! il devint trop téméraire
Pour avoir été trop heureux.

Trompant une injuste contrainte,
Et les parens & les rivaux,
Léandre, incapable de crainte,
Chaque nuit traverse les flots.
Héro l'attend, Héro timide
Fait briller, du haut d'une tour,
Un flambeau qui lui sert de guide ;
C'étoit le phare de l'Amour.

(*) Héro étoit prêtresse de Vénus. Léandre,
jeune homme de la ville d'Abydos, l'aima tel-
lement qu'il passoit à la nage l'Hellespont pour
l'aller voir pendant la nuit. Elle allumoit, au
haut d'une tour, un flambeau pour l'éclairer,
mais Léandre à la fin se noya, & Héro se jetta
de désespoir dans la mer.

Dieux ! quel moment ! quand cette belle
Entre fes bras pourra preffer
L'amant qui s'expofa pour elle
Et qu'il faudra récompenfer.
Il vient.... il eft nud... on l'embraffe...,
Il eft encor trempé des flots :
Mais le premier baifer efface
Le fouvenir de tous fes maux.

Il n'eft point de bonheur durable ;
Telle eft la loi de l'univers.
Héro , tu parus trop aimable !
Aux yeux du fouverain des mers.
Careffant une Néréide ,
Il avoit vu , d'un œil jaloux,
L'amant, qui , d'un cœur intrépide ,
Va chercher des plaifirs plus doux.

Effrayons , dit-il , fon audace.
Déja les flots font foulevés ;
Le bruit de leur courroux menace
Celui qui les a tant bravés.
Léandre à cet afpect balance ;
Mais il fonge au prix qui l'attend ;
Dans l'onde auffi-tôt il s'élance.
J'en fais qui n'en feroient pas tant.

Il va luttant contre l'orage.
O dieu ! dit-il , qui me pourfuis,
Faut-il que mon bonheur t'outrage ?
Je fens trop que tu m'en punis.
Ah ! s'il faut que l'onde engloutiffe

Le mortel dont Héro fit choix ,
Que Léandre , avant qu'il périsse ,
Soit heureux encore une fois.

Hélas ! sa derniere espérance ,
Le fatal flambeau s'éteignit ;
Il va , flottant sans assistance ,
Dans la tempête & dans la nuit.
Et cependant d'horreur saisie ,
Héro , dans sa funeste tour ,
Tremble que la mer en furie
N'ait pas épouvanté l'amour.

Le jour renaît ; pâle & craintive ,
Elle s'avance en frémissant :
Les flots avoient jusqu'à la rive
Porté le corps de son amant :
Héro le voit. Ames sensibles ,
Que l'Amour blesse de ses traits ,
Peignez-vous ces momens horribles ,
Et ne les éprouvez jamais.

A sa douleur elle succombe ,
Dans l'onde elle s'ensevelit.
L'Amour , dans une même tombe ,
A Léandre la réjoignit ;
Et chaque jour , sur ce rivage ,
En se reprochant ses fureurs ,
Neptune , à ce tombeau sauvage ,
Porte le tribut de ses pleurs.

ENVOI

ENVOI A MAD...

Il ne faut point braver l'orage,
C'est un parti trop dangereux;
Il vaut bien mieux sur le rivage
Attendre un destin plus heureux.
Mais si pour vous, par imprudence,
J'affrontois l'humide séjour,
Je voudrois du moins l'assurance
De n'être noyé qu'au retour.

PÉTRARQUE.

AIR. N°. 87.

Du rivage de Vaucluse,
L'amant de Laure en ces mots,
En s'éloignant de sa muse,
Fit retentir les échos :
O toi, qui plains le délire
Où Laure a plongé mes sens,
Rocher, qu'attendit ma lyre,
Redis encor mes accens.

En répondant à mes plaintes,
Échos, vous avez appris
Quels sont les vœux & les craintes
D'un cœur tendre & bien épris,
N'oubliez pas ce langage,

Et si Laure quelquefois
Vient rêver sur ce rivage,
Imitez encor ma voix.

Dites-lui que de ses charmes
Tous mes sens sont occupés :
Dites-lui que de mes larmes
Toujours mes yeux sont trempés.
Ma voix ne chantera qu'elle,
Mon souvenir ne sera
Qu'un miroir pur & fidele,
Où l'amour me la peindra.

Dites-lui que son image
Me suivra dans le sommeil,
Et recevra pour hommage
Le soupir de mon réveil ;
Que mon oreille attentive
Croira sans cesse écouter
Les sons que sa voix plaintive
Vous fit cent fois répéter.

Jurez-lui qu'envain les Graces
Viendroient pour me consoler :
Que les Amours sur mes traces
Sans cesse auroient beau voler.
A leur troupe enchanteresse
Je dirois, dans ma douleur,
Rendez Laure à ma tendresse,
Ou laissez couler mes pleurs.

Insensible à tout, loin d'elle,
Rien ne flatte mes desirs :

Je me croirois infidele
De goûter quelques plaisirs,
Sur une rive étrangere,
Où le destin me conduit,
Une espérance légere
Est le seul bien qui me suit.

Mais si Laure m'est ravie,
Si je ne dois plus la voir,
Je perdrai bientôt la vie,
Quand j'aurai perdu l'espoir.
Puisse la Parque appaisée
Me laisser, après ma mort,
Préférer à l'Elysée
Les ombrages de ces bords.

MARMONTEL.

LUCRECE.

AIR : *L'amour m'a fait la peinture.* N°. 79.

Dans cette belle contrée,
Où le Tibre en ses replis,
Roule son onde dorée
Ma vue, au loin égarée,
Erroit parmi des débris.

Le dieu des ombres légères
M'invitoit au doux repos,

Q ij

Quand d'antiques caracteres
Suspendirent mes paupieres,
Qu'alloient fermer ses pavots.

C'étoit la triste aventure
De Lucrèce & de Tarquin:
J'en ai tracé la peinture.
Puisse la race future
Me savoir gré du larcin.

Lucrèce eut une ame tendre,
Avec un cœur vertueux:
Tarquin ne put s'en défendre,
Et le défaut de s'entendre
Fit le malheur de tous deux.

Un jour tout parfumé d'ambre,
Méditant d'heureux efforts,
Il la surprit dans sa chambre:
On n'avoit point d'antichambre,
On n'annonçoit point alors.

Lucrèce reste muette;
Mais bientôt prenant un ton...
Elle court à sa sonnette:
Il en avoit en cachette
Exprès coupé le cordon.

A ses pieds il tombe, il jure
Qu'il sera respectueux:
Que sa flamme est vive & pure...
On dit qu'en cette posture
Un homme est bien dangereux.

Tarquin devient téméraire :
Lucrèce a recours aux cris ;
Elle tombe en sa bergere.
Le pied glisse d'ordinaire
Sur un parquet sans tapis.

Auprès d'une femme aimable
Il est des torts à punir.
Je ne sais s'il fut blâmable ;
Il faut être bien coupable,
Pour l'être au sein du plaisir.

Dans le courroux qui l'enflamme,
Lucrèce cede au dépit :
On dit qu'elle en rendit l'ame.
Dans notre siecle une femme
A plus de force d'esprit.

DE SAINT-PÉRAVI.

ALEXANDRINE.

ROMANCE

SUR UNE DAME QUI AVOIT QUITTÉ LE ROUGE A VINGT-DEUX ANS.

AIR : *Des folies d'Espagne.* N°. 88.

DAME d'esprit, de corps qu'elle étoit belle !
Trop belle, hélas ! de plus de la moitié.
Comment le ciel rassembla-t-il en elle
Ce qu'on envie & ce qui fait pitié.

D'Alexandrine, hélas ! voilà l'image :
Pour l'offrir mieux à l'esprit, aux regards,
Imaginez, dans un seul personnage,
Conti, Rohan, d'Aiguillon & Villars.

Alexandrine, objet tant admirable,
Trésor d'esprit, de talens & d'appas,
Vous aviez donc tout ce qui rend aimable,
Oui, tous les dons, & ne le saviez pas.

On me dira : Voyez la belle histoire !
On est charmant, on l'ignore ! Non, non ;
Au fond du cœur, ne voulant pas le croire,
La plus modeste en a quelque soupçon.

Non , celle-ci ne connoît , ne respire
Rien que vertu ; c'est sa beauté , son bien.
Comment songer aux ardeurs qu'elle inspire ?
Elle jugeoit tous les cœurs sur le sien.

Je vois encor , lorsqu'elle alloit au temple ,
Les yeux s'ouvrir & les cœurs se troubler ;
Un seul moment , si-tôt qu'on la contemple ,
Adieu raison ; il n'en faut plus parler.

L'un se disoit : Moi , sa vertu m'enchante ,
Non sa beauté : c'est un frêle ornement.
L'autre pensoit : Que mon ame est contente !
J'aime l'esprit , & le sien est charmant.

O gens de bien ! c'est ainsi qu'on s'abuse :
Respect , estime , est langage emprunté ;
Sous un faux nom le sentiment s'excuse ,
Tout est amour auprès de la beauté.

Mais ses amans , dans le fond de leur ame ,
Cachent leurs feux , dissimulent leurs maux.
On la connoît , c'est son dieu qui l'enflamme ,
Et ce vainqueur n'aura point de rivaux.

L'un d'eux pourtant , ambulante pagode ,
Avec éclat se produit sur ses pas ,
Brillans atours , mots , mimes à la mode
Sont employés ; on ne l'apperçoit pas.

De tels muguets que l'engeance est méchante !
Malheur à qui s'en laisse environner !
Ils vont lorgnant une belle innocente ,
Se disputant l'honneur de la damner.

En vers galans, faits pour Alexandrine,
Notre indiscret son amour étala :
Les voici tels qu'un jour à la sourdine
Sur sa toilette un grison les coula.

« Si vous jugez crimes impardonnables
» Les feux d'amour dont on brûle pour vous,
» Vous ne verrez jamais que des coupables ;
» Mais, croyez-moi, je le suis plus qu'eux tous ».

Fuyons, dit-elle, en sa douleur profonde ;
Allons gémir au fond des monumens.
Comment peut-on vivre en paix dans le monde,
Quand par malheur on y fait des amans ?

Dès cet instant, voilant toujours ses charmes,
Dans l'appareil du plus funeste deuil,
Pour passe-tems elle versoit des larmes,
Et pour sopha elle avoit un cercueil.

Dans son printems voir le talent de plaire
Comme un malheur ; vouloir s'en délivrer :
Quel rare exemple ! Un ange de lumiere
Vint tout exprès du ciel pour l'admirer.

O Chérubins, tremblez ! elle est trop belle ;
Fermez les yeux ; craignez un tel écueil.
La chûte, hélas ! est bien plus naturelle
De succomber à l'amour qu'à l'orgueil.

DE MONCRIF.

COUPLETS DÉTACHÉS.

AIR. N°. 89.

PLUS inconstant que l'onde & le nuage,
Le tems s'enfuit, pourquoi le regretter?
    Malgré la pente volage
    Qui le force à nous quitter,
        En faire usage,
        C'est l'arrêter.
    Saisissons ses faveurs;
Et si la vie est un passage,
        Sur ce passage
    Au moins semons des fleurs.

DE MONCRIF.

Air de Joconde. Nº. 65.

Tircis vous apprend des chansons
  Où le cœur s'intéresse ;
On dit qu'il y joint des leçons
  Qui parlent de tendresse ;
Fuyez ce charme séducteur ,
  C'est un plaisir funeste.
L'oreille est le chemin du cœur ,
  Et le cœur l'est du reste.

MLLE. DE SCUDERY.

AIR : *Vous qui du vulgaire stupide.* Nº. 8.

L'eau qui caresse ce rivage ,
La rose qui s'ouvre au zéphir ,
Le vent qui rit sous ce feuillage ,
Tout dit qu'aimer est un plaisir.
De deux amans l'égale flamme
Fait doublement les rendre heureux ;
Les indifférens n'ont qu'une ame ,
Lorsque l'on aime on en a deux.

PAR LE MÊME.

AIR : *Que ne suis-je la fougere.* N°. 12.

DANS les jours de la folie,
On jouit sans rien prévoir :
En avançant dans la vie,
Nos seuls biens sont dans l'espoir,
La vieillesse encor projetée ;
Mais avant d'exécuter,
L'heure sonne, & l'on regrette,
Sans avoir à regretter.

MADAME LA MARQUISE DE...

Air de Joconde. N°. 65.

D'ADAM nous sommes tous enfans,
La preuve en est connue ;
Et que tous nos premiers parens
Ont mené la charrue :
Mais las de cultiver enfin
Sa terre labourée,
L'on a dételé le matin,
L'autre l'après-dînée.

DE COULANGES.

AIR : *Au bord d'un clair ruisseau.* N°. 51.

J ULIE est sans desirs :
C'est un bouton de rose
Que la nature arrose
Et dispose à s'ouvrir ;
Dans son cœur sans détour,
Il n'est pas jour encore :
Il attend pour éclore
Quelque rayon d'amour.

AIR : *Que ne suis je la fougere* N°. 12.

I L faut bien à la jeunesse
Passer quelqu'amusement ;
Une amoureuse foiblesse
N'est pas un crime si grand :
Quand le dieu d'amour nous blesse,
Pour excuse on a souvent
L'exemple de la sagesse,
Qui, sans bruit, en fait autant.

AIR :

A I R : *Philis demande son portrait.*

N°. 74.

Sɪ Tircis alloit deviner
    Combien il m'intéresse,
Je ne pourrois me pardonner
    L'excès de ma foiblesse.
Hélas ! contraignez-vous, mes yeux,
    Vous avez l'air trop tendre ;
Mon cœur, taisez-bien tous mes feux :
    Un soupir peut s'entendre.

MADAME DE C.

Même air que le précédent.

Iʀɪs, vous connoîtrez un jour
    Le tort que vous vous faites :
Le mépris suit de près l'amour
    Qu'inspirent les coquettes.
Cherchez à vous faire estimer,
    Plus qu'à vous rendre aimable ;
Le faux honneur de tout charmer,
    Détruit le véritable.

DE FÉNÉLON.

AIR : *De l'oiseau qui t'a fait envie.* N°. 14.

Des combats le dieu redoutable
Jadis à Vénus fit sa cour :
Pour lors, si l'on en croit la fable,
Le Plaisir engendra l'Amour.
Au doux auteur de sa naissance
Bornant sa gloire & son desir,
Tous les jours, par reconnoissance,
L'Amour engendre le Plaisir.

Sur le même air.

Du dieu qui fait que l'on soupire,
Cessez d'appréhender les feux.
Iris, on a tort de vous dire
Qu'il rend tous les cœurs malheureux.
On peut à ses ardeurs divines
Céder, sans de fâcheux retours :
Quoique la rose ait des épines,
On ne s'y blesse pas toujours.

Sur le même air.

Sur la rose une jeune abeille
Dérobe un précieux butin :
Sur cette fleur aussi vermeille
Vois-tu les traces du larcin ?
Tel ce doux baiser de ta bouche
N'a point altéré ta beauté ;
Églé, ne sois point si farouche,
Mon bonheur ne t'a rien ôté.

Air : *L'avez-vous vu, mon bien aimé.*

N°. 32.

Tu veux des vers sur l'amitié :
    En chanson que lui dire ?
C'est un sentiment oublié,
    Dès qu'on te voit sourire :
On n'a point d'amis à vingt ans ;
Flore, Hébé n'ont que des amans :
        C'est au Zéphirs,
        C'est aux Plaisirs
    A tresser la couronne :
Du printems goûtons les loisirs,
    Avant ceux de l'automne.

AIR : *Que ne suis-je la fougere.* N°. 11.

Tu disois que l'amour même
Ne pourroit m'ôter ton cœur :
Tu trouvois le bien suprême
 A me prouver ton ardeur :
 Tu me peignois la tendresse :
Hélas ! c'est moi qui la sens :
Tu jurois d'aimer sans cesse. ..
Et je tiens tous tes sermens.

M. LE CHEV. DE BOUFLERS.

AIR : *Du Prévôt des Marchands.* N°. 5.

Non, je ne m'en dédirai pas,
Iris possédoit mille appas :
Mais elle en perd tant chaque année,
Que si ses appas font son bien,
La pauvre fille est condamnée,
Dans six mois, à n'avoir plus rien.

AIR : *Adieu donc , cher la Tulipe.*

II vol. N°. 85.

LA beauté toujours nouvelle
Rend mon feu toujours nouveau.
J'aimerai jusqu'au tombeau
Mon aimable tourterelle :
Et si l'ame est immortelle,
  Nos amours
  Dureront toujours.
                    CRÉBILLON, PERE.

AIR : *Vous voulez me faire chanter.*

III vol. N°. 3.

L'AMOUR nous parle par vos yeux :
  Il nous flatte, il nous touche :
Il fôlatre dans vos cheveux,
  Il rit sur votre bouche :
Par-tout en vous ce dieu vainqueur
  Se présente avec grace,
Quoi ! seulement dans votre cœur
  N'auroit-il point de place ?

R ii

AIR : *Du Prévôt des Marchands.* N°. 5.

N'en déplaise au gentil Bernard,
Aimer ne fût jamais un art :
Mais pour qui porte une ame tendre,
Et voir vos dangereux appas ,
Le grand art qu'il faudroit apprendre,
Seroit celui de n'aimer pas.

AIR : *La lumiere la plus pure.* N°. 33.

Que veux-tu que je te donne
Pour bouquet en ce moment ?
Si j'avois une couronne,
Je t'en ferois le présent.
Mon embarras est extreme ,
Car je ne possede rien :
En t'offrant un cœur qui t'aime ,
C'est te redonner ton bien.

AIR : *De l'oiseau qui t'a fait envie.*

N°. 14.

TA morale est pleine de charmes,
Elle touche & séduit les cœurs :
A la raison je rends les armes,
Ta main la couronne de fleurs.
Mais, jeune Elmire , la tendresse
Dans tes yeux se peint à son tour :
Ah ! quand tu parles de sagesse ,
Devroient-ils inspirer l'amour ?

DORAT.

AIR : *Lisette est faite pour Colin.* II vol.

N°. 39.

JUSQU'ICI j'ai craint la raison :
  La faute est pardonnable :
Mais Eglé trouve la façon
  De nous la rendre aimable :
Sans le pouvoir de ses attraits,
  Je serois raisonnable :
Je deviens plus fou que jamais,
  Et je suis excusable.

Air de Nina. II vol. N°. 68.

RÉUNIR à des traits flatteurs,
Sans aigreur,
Sans humeur,
Mœurs ;
Un bon cœur, un souris malin,
Un esprit sans dessein
Fin :
Ce seroit un objet parfait :
Mais où le trouver cet objet ?
Philis entra,
L'Amour cria :
Tiens, le voilà, le voilà
Là.

AIR : *Nous sommes précepteurs d'amour.*

N°. 25.

QUAND je t'ai dit que mon amour
Pour toi, Lisis, étoit extrême,
Je t'abusois : de jour en jour
Plus je te vois, & plus je t'aime.

Fin du premier Volume.

TABLE
ALPHABÉTIQUE
DES CHANSONS

Contenues dans le premier Volume.

A

B

C

CET étang.   Pag. 92

D

D'AIMER jamais fi je fais la folie.   14

E

ECOUTEZ l'hiftoire.   148

L

M

N

Non,

U

V

Fin de la Table.